장애인과 함께하는
디아코니아
독일 교회의 장애인 통합 모델을 중심으로

김한호 지음

초판 인쇄 | 2009년 12월 30일   1판 1쇄 발행 | 2010년 1월 7일
발행인 | 오정현   발행처 | 한국장애인사역연구소(도서출판 한장연)   등록번호 제 22-1582호
주소 | (427-070) 경기도 과천시 주암동 용머리4길 9-4
전화 | 02) 596-4973   팩스 | 02) 596-4975   홈페이지 | www.kmind.net
지은이 | 김한호   편집인 · 감수 | 김해용   디렉터 | 노재현   디자인 | 정진영   편집 | 손영남   교정 · 교열 | 김나연
제작 | 신한기획인쇄 02) 2273-7491

이 책에 실린 모든 글과 그림을 무단으로 복사 · 복제 · 배포하는 것은 저작자의 권리를 침해하는 것입니다. ⓒ도서출판 한장연

ISBN | 978-89-89013-84-6   값 | 9,800원

* 가까운 서점 및 www.kmind.net에서 쉽게 구입할 수 있습니다.

장애인과 함께하는
디아코니아

독일 교회의 장애인 통합 모델을 중심으로

김한호 지음

저자 서문	07
1. 들어가면서	11
2. 교회공동체와 디아코니아	17
1. 성경 속의 디아코니아	20
2. 교회와 세상 속의 디아코니아	27
(1) 교회 속의 디아코니아	27
(2) 세상 속의 디아코니아	28
3. 디아코니아의 역사	30
(1) 독일 교회의 상황	30
(2) 디아코니아의 시작	33
(3) 디아코니아의 성장	38
3. 장애인과 디아코니아	43
1. 성경에서의 장애	44
(1) 구약에서의 장애	46
(2) 신약에서의 장애	48
2. 성경 속의 아동	50
(1) 구약에서의 아동	51
(2) 신약에서의 아동	52
(3) 하나님의 형상	54

4. 한국 교회의 현실 57

1. 부정적인 장애인관 61
2. 신학적 반성 66
3. 장애인을 위한 교회공동체의 연합 사역 71
4. 장애인을 위한 교회공동체의 통합교육 73

5. 장애인과 함께하는 한국 교회공동체의 디아코니아 79

1. 조기교육과 통합교육 80
    (1) 조기교육 81
        A. 조기교육의 개념
        B. 조기교육의 목적
        C. 조기교육의 역사
        D. 조기교육의 과제

    (2) 통합교육 93
        A. 통합교육의 목적
        B. 통합교육의 역사
        C. 통합교육의 조직

2. 상담 사역 103
    (1) 장애인 상담 105
    (2) 장애인 가족 상담 106

3. 통합예배   110
    (1) 세례와 입교   115
    (2) 성찬   117
    (3) 연합 활동   119

4. 통합유치원   124
    (1) 목적   129
    (2) 조직   132
        A. 운영자
        B. 전문교사
        C. 자원봉사
        D. 부모
    (3) 치료   140
    (4) 프로그램   145
    (5) 유치원 사례 소개   146

6. 장애인과 함께하는 디아코니아 모델   153

   1. 작센 마을   154
   2. 독일 연방 레벤스힐페   156
   3. 니더 람스타트 디아코니아   163

7. 나가면서   167

8. 참고 문헌   174

저자 서문

대학에 다닐 때 춘천맹아학교에서 자원봉사자로 봉사를 한 적이 있다. 그때 전체 학생들과 가끔 노래를 부르며 즐거운 시간을 보내곤 했는데, 한 학생이 지금도 기억에 남는다. 어떤 학생들은 악기를 연주하고, 어떤 학생은 노래를 불렀는데, 한 남학생이 내 앞에 오더니 '바위섬'을 감동적으로 불렀다. 찬송가 외에는 별로 아는 노래가 없던 필자가 바위섬을 즐겨 부르게 될 정도로 그 학생의 바위섬 노래는 감동적이었다. 물론 그 감동이 노래 때문만은 아니다. 노래를 다 불렀을 때 그 학생에게 가까이 다가가서 "눈이 보이지 않는데도 너무나도 잘했다"고 칭찬을 하자, 학생이 필자에게 던진 말 때문이었다. "저를 똑같이 봐 주세요!" 이 말은 필자에게 오랫동안 여운을 남기는 말이 되었고, 필자의 학문 방향을 잡아 준 말이 되기도 하였다.

얼마 전에 작고한 장영희 교수의 칼럼 "같이 놀래"를 읽은 적이 있었다. 길을 가는데 "영어로 꿈을 꿉시다!"라는 현수막이 걸린 학원 앞에 10살쯤 되어 보이는 중증장애 아동이 놀고 있었다고 한다. 그때 비슷한 또래의 아이들이 학원을 들어가다가 이 아이를 보고는 가방으로 툭툭 치면서 서로 얼굴을 바라보는데, 학원 교사처럼 보이는 젊은 여교사가 아이들에게 유창한 영어로 "들어가자"며 학원으로 아이들을 데리고 들어가면서 중증장애아동에게 이렇게 말을 하였다. "여기서 놀면 안 돼!" 같은 날, 장영희 교수는 TV 쇼를 보게 되었다고 한다. 오프라 윈도우가 진행하는 쇼였는데, 여기에 한 아동문학가가 출연하여 "팀은 왜 저래"라는 이야기를 들려 주었다고 한다. 한 여자 아이가 이사를 왔는데 그 마을에 휠체어를 타고 다니는 팀이란 남자아이가 있었다. 이사 온 여자아이가 팀이 휠체어를 타면서 공을 갖고 노는데, 공을 잘 못 다루고 어색한 행동을 하니까 "엄마, 저 아이는 왜 저래"라고 물었다고 한다. 그러자 엄마가 "네가 저 아이와 놀아보렴. 네가 수학을 잘 못하듯 저 아이도 못하는 것이 있는 것일뿐 너와 똑같아"라고 대답했다. 그 여자 아이는 팀에게 가서 "같이 놀래"라고 하며 서로 즐겁게 놀았다고 한다. 그러면서 장영희 교수는 본인이 어려서 소아마비로 인하여 힘든 일들을 많이 겪었는데, 살면서 가장 듣기 좋은 말이 "같이 놀래"라는 말이었다고 했다.

"똑같이 봐 주세요!"라는 말은 당연한 말이지만, 이 말을 이해하는 데에는 많은 시간이 소요되는 것 같다. 필자는 사회 곳곳에서 장애인들을 위한 시설 부족과 교육의 한계를 느낀다. 심지어 교회에서마저도 분리되어 있는 상황들을 보면서, 이 모든 것은 똑같이 봐 주지 못한 모습 때문이라는 생각이 들었다. 한국 사회에서 장애인을 분리하고 도움의 대상으로만 생각하는 부정적 인식은 어디에서 기인된 것인가? 우리는 부정적인 장애인 인식의 변화를 위하여 무엇을 해야 하는가? 필자는 디아코니아에서 이 해답을 찾아보고자 한다.

디아코니아^{Diakonia}는 그리스 어원 그대로 식탁에서 시중드는 것을 의미한다. 예수 그리스도는 사회 곳곳에서 함께 놀 것을 제안하며 생활하셨다. 빈부의 격차, 사회적 위치, 지역적 갈등을 뛰어넘을 뿐 아니라 더 나아가 장애를 가진 이와 비장애인들이 함께 놀자는 것이다. 예수님은 그들 모두를 위하여 식탁에서 시중드는 자로서 그들을 섬기며 살아가신 분이다. 사람들은 독일 교회에 대하여 '죽은 교회'라는 표현을 많이 한다. 그러나 이 말은 맞기도 하지만 틀리기도 하다. 그 이유는 어떤 면을 보느냐에 따른 것이기 때문이다. 독일 교회의 교인 숫자만을 계수한다면, 독일 교회는 죽은 교회로 보일 수 있다. 하지만 독일 교회는 힘이 있다. 왜냐하면 디아코니아의 정신, 즉 섬김의 모습이 사회 구석구석에 남아 있기 때문이다. 필자는 이런 점이 좋아서 독일로 유학을 가게 되었다. 그리고 앞으로 교회가 나아갈 길 가운데 하나가 디아코니아의 실천이라고 본다. 예를 들면, 독일에서 만난 많은 장애인, 그들을 돕는 수많은 봉사자들 그리고 스쳐 지나가는 수많은 거리의 사람들을 볼 때, 그들의 내면까지는 모르지만 그들의 모습은 "똑같아요"란 느낌을 충분히 주고 있다.

같이 놀기 위한 공간으로서 훈련받기 가장 좋은 곳이 교회공동체라고 본다. 교회에서 성경적인 인간이해를 바로 하고, 또한 목회자의 인식 변화가 새로워진다면, 같이 놀 수 있는 사회로 한 걸음 더 가까이 나아갈 수 있다. 교회는 목회자가 리더십을 갖고 디아코니아를 실천한 예수 그리스도의 정신을 전하는 곳이기 때문이다. 이런 점에 필자는 교회공동체를 장애인과 함께하는 통합교육을 실시하기 가장 좋은 장소로 본다. 특히 예수님은 어린 아동을 매우 사랑하였고 어려서부터 하나님의 말씀을 듣도록 하였다. 이것은 "똑같이 봐 주세요"를 실천하기에 가장 좋은 때는 어린아이 때라는 말이다. 한 예로 필자는 아이들을 독일에서 어느 초등학교에 보낼까 고민하다 장애인 통합교육을 실시하는 초등학교로 보냈다. 그곳에서 자연스럽게 만난 친구들을 바라보는 필자의 아이들이 나와는 다른 것을 찾기보다는, 나와 같은 모습을 찾으며 함께 노는 것을 보면서 선택에 대한 뿌듯함을 느끼게 되었다. 이것은 어려서부터 통합교육을 시키는 것이 인식변화에 큰 도움이 된다는 것을 입증한다.

교회공동체는 장애인과 함께하는 통합교육과 이것을 위한 조기교육을 실시하기에 매우 적합한 장이다. 함께하는 예배가 어떤 것인지 경험하며 교회의 시설을 활용하여 통합유치원을 운영하기에 더할 나위 없이 좋은 장이다. 본서를 통해 필자는 교회공동체가 장애인과 그 가족들을 위하여 할 수 있는 일들과, 통합 유치원을 비롯한 여러 유형의 특별한 장애인을 위한 기관들을 실질적으로 소개하고자 한다. 이것은 장애인 가족과 장애인 당사자 그리고 섬김 사역에 관심을 갖고 있는 모든 이들에게 유용한 정보가 되리라 믿는다.

장애인 시설을 방문하고, 전공서적을 뒤적이며 연구하는 가운데 본서를 기획할 때는 많은 것을 아는 것 같았지만 이렇게 직접 펜을 잡으니 부족함을 느낀다. 그러나 이미 선배 학자들이 여러 방면으로 연구한 글들을 참고하며 디아코니아적인 관점으로 장애아동을 위해 교회가 할 수 있는 일들을 체계적으로 정리할 수 있게 되었다.

디아코니아 책을 집필하고자 한국에서 자료들을 모으고 출판을 위하여 모 재단과 이야기가 오고 가던 중 우연히 한국장애인사역연구소와의 만남이 이루어졌다. 만난 분은 '한국 교회가 장애인과 함께하는 통합예배로 지금 중요한 방향을 찾는 중'이라며 포럼을 부탁하였다. 필자의 학문적 지식이 부끄럽지만 포럼 준비를 위하여 필자가 직접 경험하고, 학문적인 내용을 정리하며 이렇게 책으로까지 출판하게 되었다. 본서가 완성되도록 여러 가지 출판에 도움을 주신 한국장애인사역연구소^{도서출판 한장연}에 진심으로 감사를 드린다.

끝으로 책을 쓸 수 있도록 시간을 배려해 준 교우들과 나의 사랑하는 가족들에게 다시 한 번 감사를 드린다.

2009년 8월 실리콘밸리에서
김한호 박사

1.
들어
가면서

필자가 1991년 독일에 처음 갔을 때 장애인 시설에 대하여 많은 놀라움을 느꼈다. 예를 들면, 특수 제작된 버스에 휠체어가 오르는데 불편하지 않게 제작되어 있었다. 그뿐 아니라 공공건물 공사를 하는데 휠체어에 앉은 장애인이 사용하도록 세면대의 높이, 입구 문의 크기 등을 장애인들이 불편함이 없도록 세심한 규격을 사용한 것 등의 단면적인 것 말고도 실질적인 사회보장제도 등 장애인에 대한 수준 있는 사회인식으로 필자는 놀라지 않을 수 없었다. 물론 지금은 한국 사회도 많은 부분에서 장애인 시설이나 복지제도가 좋아졌다. 그럼에도 불구하고 한국 내에서는 장애인에 대한 부정적인 인식이 아직도 크다. 지난 2008년 장애인차별금지법이 발효되었음에도 불구하고 잘 따르지 않고 있다는 것이다. 이는 여러 가지 이유가 있을 것이다. 그중 대표적인 것은 한국 사회 안에 장애인에 대한 인식의 부족으로 인하여, 장애인들에 대한 배려의 부족으로 숨겨진 생활을 하고 있는 것이다.

한 예로, 필자와 가깝게 지내던 한 가족은 장애인 자녀가 있는데, 자녀가 20세가 될 때까지 아무에게도 이야기하지 않고 살았다. 필자 역시 나중에 20살이 된 딸이 있다는 것을 알았다. 그분은 대학의 교수로 지낸 사람임에도 자신의 딸을 숨기고 산 것이다. 아주 극단적인 예이지만 왜 이런 일이 있는 것인가? 우선 장애인 등록을 하여 그 당사자나 가족에게 도움이 된다면 등록했을 것이다. 그러나 현실은 그렇지 않다. 장애인 가족들이 등록해서 얻는 유익보다는 주변 사람들의 시선이 더욱 견디기 힘든 일들이 많기 때문이다. 물론 가족들이 장애인에 대한 바른 이해를 하지 못하고 있는 점도 있지만 이런 사고 즉, 장애인 가족들의 수치감, 강한 죄의식 그리고 억눌림을 갖게 하는 장애인에 대한 잘못된 가치관이 더욱 문제다.

그렇다면 이런 장애인에 대한 부정적인 이해는 어디서 왔는지 생각해 보아야 한다. 한국 사회는 여러 가지 새로운 법률이 제정되고 행정 기관에서 많은 일을 하지만 아직도 장애에 대한 조기 발견이나 여러 가지 환경, 교육 사회적 인식에 있어서 문제가 있다. 이런 이유로 이 분야를 학문적인 관점에서 연구하게 되었고, 다양한 많은 시설을 방문하며, 현장 실습을 통하여 한국 교회가 어떻게 그들에게 다가갈지 생각해 보고자 한다.

필자는 장애인에 관한 이해를 신학의 한 분야인 디아코니아^{Diakonia}학 분야에서 다루었고, 또한 교회가 중심이 되어 이러한 문제해결에 앞장서야 한다고 생각한다. 이 일을 위해 교회 안에서 장애인에 대한 조기교육, 통합교육을 실시함으로, 장애인에 대한 바른 이해를 하고, 실제적인 도움을 장애인의 가족들과 장애인 당사자에게 주며 나아가 비장애인에게도 주어야 한다. 본서가 교회나 사회에서의 장애인과 비장애인의 통합교육에 관심이 있는 모든 이들에게 도움이 되기를 바란다.

이를 위한 연구의 방법으로, 필자는 한국 사회의 장애인의 문제점을 위하여 이론만이 아니라 실제적인 사례를 찾기 위하여 필자가 공부했던 독일 내 여러 장애인 시설을 방문하여 연구하고, 실무자들의 오랜 경험의 이야기를 조사하였다. 본서에서는 실제적으로 독일 교회가 장애인을 위하여 하는 사역들을 소개하고자 한다. 물론 교회라는 공동체를 통하여 할 수 있는 일을 연구하였지만, 교회뿐 아니라 장애인과 함께 섬기기 원하는 모든 단체가 이 방법을 사용할 수 있다.

각 장의 전개는, 서론에서는 먼저 한국 사회의 장애인에 대한 인식을 살펴보고자 한다.

두 번째 장에서는 디아코니아가 무엇인지 성경 속에서 그 뜻을 찾고자 하며, 디아코니아가 단지 교회 내의 사역만이 아니라 교회 밖과 세상 속에서 어떻게 일하는지 살펴보고자 한다. 그리고 디아코니아가 시작된 동기와 역사를 밝힌 뒤, 디아코니아 정신으로 시작한 독일의 다양한 시설과 기관들을 소개하고자 한다.

세 번째 장에서는 성경 속에서 장애인에 대하여 어떻게 이야기하고 있는지, 더불어 성경 속에서 장애아동에 대하여 어떻게 표현하고 있는지 정리하고자 한다. 또한 교회의 사역 중 장애아동에 대하여 디아코니아 관점에서 살펴보고자 한다.

네 번째 장에서는 한국 교회의 디아코니아 현실을 조명하며 장애인에 대한 부정적인 인식의 현주소와 신학적인 반성을 하고자 한다. 사회적으로는 장애인에 대한 시설이나 상황들이 이전보다는 많이 증가하였음에도 불구하고 여전히 장애인을 소외시키는 부분이나 장애인이 일상적인 삶을 살아가기에 부족한 환경들이 많이 있다. 이런 상황들의 근본 문제를 필자는 장애인에 대한 부정적 인식이라고 본다. 이러한 부정적 인식이 어디에서부터 온 것인지 필자는 본 장에서 이 문제점을 찾아보고자 한다. 또한 비장애인이든 장애인이든, 문제점 이상으로 중요한 인간에 대한 바른 이해를 정립하기 위하여 필자는 그 기준을 성경 속에서 찾고자 노력하였다. 성경을 통하여 하나님의 형상으로 창조된 인간에 대한 연구를 하였다. 하나님의 관점에서 장애인은 과연 누구인지, 하나님은 장애인을 어떻게 보았는지, 그리고 하나님이 하신 일은 무엇인지 구약과 신약 성경을 통하여 살필 것이다. 그리고 교회가 해야 할 큰 과제 가운데 하나가 연합 활동이고 통합교육인데, 한국 교회 현실은 어떠한지 살펴보고자 한다.

다섯 번째 장에서는 한국 교회가 디아코니아 사역을 어떻게 감당할 것인지 교회를 중심으로 장애인 사역에 대하여 소개하고자 한다. 독일은 국가 교회였기에 국가와 교회가 긴밀하게 연결되어 일을 하지만 한국 사회는 다르다. 어떤 단체 및 기관과 연결되는가에 따라 필요한 도움을 받을 수도 있고, 그렇지 못할 수도 있다. 그렇다고 당장 복지 단체와 정부가 모두 연결되어 협력하여 일하는 데는 큰 무리가 있다. 이에 필자는 교회가 그 가운데 큰 역할을 할 수 있다고 본다. 목적은 모든 교회의 봉사가 정부와 연결되고 협력하여 섬기는 것으로 나가지만, 우선은 개 교회가 있는 그 지역 사회를 돕는 역할에 앞장서야 한다. 그러나 돕는 방식에 대해 서구의 방법을 그대로 받아들이는 데는 문제가 있다. 왜냐하면 서구 교회와 사회가 하는 봉사에도 여러 문제가 나타나고 있기 때문이다. 따라서 그 문제가 무엇인지 찾아보고자 한다. 또한 한국 사회와 교회도 디아코니아란 말을 사용하지 않아서 그렇지, 사실 오랜 기간 동안 남을 돕는 마음과 섬기는 일들을 많이 해 왔음을 밝힌다. 최근에도 대형 교회들이나 중·소형 교회들이 개 교회 중심으로 지역사회를 섬기는 많은 일들을 사회를 향하여 감당하고 있다. 그렇기에 한국 교회는 사회봉사에 있어서의 미래를 준비하기 위한 대안을 생각해야 한다. 나아가 장애인을 위한 디아코니아 사역으로 장애인 당사자나 가족들 모두에게 도움이 될 수 있는 사역들은 무엇이며, 정부의 장애인 관련 정책과 제도를 연구하여 장애인 가족들에게 무엇이 유리하고 좋은지, 어떻게 도움을 받을 수 있는지 알려 주어야 한다. 의학적인 도움을 주고, 권리들을 모두가 알 수 있도록 정보 교환이나 찾아 주는 일을 교회가 나서서 해야 한다. 즉, 함께 모여 의견을 교환하고, 교육에 참여하며, 특수교육적인 방법을 나누는 전인구원에 바탕을 둔 공동체 모임이 중요하다.

    독일은, 태어나자마자 진단을 통하여 장애를 구분하여 0~3세에 조기교육을 시작한다. 이때 진단과 치료, 부모와 장애 아이와의 모임과 의학적인 조언 등을 받게 된다. 그리고 3~6세에 유치원을 다니는데 헤센^{Hessen} 주는 통합유치원을 운영하고 독일의 다른 지역도 점점 통합유치원을 의무적으로 법으로 정하고 있다. 그에 비해 한국은 장애에 대한 조기교육이 부족한 실정이다. 그리고 장애아동을 대상으로 하는 특수유치원이 있지만 일부 지역에서 소규모로 운영되고 있을뿐더러 교육비용에 대한 부담이 크다. 이에 필자는 장애인 중 학령 전 아동들을 연구의 시작 대상으로 삼았다. 이들에게 있어서 조기교육과 유치원 교육이 어떻게 이루어져야 하는지, 그리고 통합교육이 무엇이며 실제적으로 어떻게 독일 교회가 실행하고 있는지를 소개하고자 한다. 물론 한국 사회도 요즘 장애아동을 위한 다양한 형태의 복지시설이 많이 발전하고 있다. 그런데 결정적인 문제는 이용자들의 교육비용에 대한 부담으로 모든 사람이 쉽게 참여하기가 어렵다는 점이다. 그것도 비장애아동을 대상으로 하는 유치원과 어린이집은 많이 있지만 장애인과 같이하는 통합유치원은 찾아보기가 어렵다. 비장애 아동 대상 유치원에서 의무적으로 몇 퍼센트는 장애아동을 함께 교육하도록 하고, 그에 대한 예산은 정부가 지원하는 방식으로 한다고는 하지만 현실적으로 참여가 저조하다. 이러한 어려움을 극복할 수 있는 방법을 찾아야 한다. 따라서 교회 내에서 장애인과 비장애인이 함께하는 예배를 비롯한 통합유치원 등을 개발하여 운영하면 인식의 변화에도 큰 도움을 줄 것이라고 확신한다.

    여섯 번째 장에서는 필자가 독일에서 실제로 실습을 하고 경험한 사역의 사례현장을 소개하고자 한다. 히틀러의 압제 하에 장애인은 비인간적인 취급을 받고 죽임을 당한 전쟁 이후 많은 사람들이 이 사건을 부끄럽게 생각하며 그 부모들이 중심이 되어 '레벤스힐페^{Lebenshilfe}'를 조직한다. 이 단체 안에 조기교육 및 유치원교육과 통합교육을 실시하는 유치원에서 직접 실습을 한 부분을 소개하고자 한다. 이뿐 아니라, '니더-람스타트$^{Nieder-Rahmstaeter}$'에 있는 장애인 시설 등을 한 지역에 시설을 마련하여 공동체 생활을 하며 비장애인과 같이 공동의 생활을 하고자 하는 가구를 소개하고자 한다. 이들 단체들은 장애인이 태어나서 죽음에 이를 때까지 다닐 수 있는 학교, 이들이 거주할 수 있는 공동체 시설과 작업장 등 모든 것을 갖추고 있다. 한국 사회가 이런 모습으로 시작할 수 있는 몇 가지 공통점이 있기에 필자는 이 단체에서 직접 견학 실습을 하였다.

또한 '작센^{Sachsen}' 마을은 한국에서도 요즘 여러 가지 모델로 운영되고 있는 '공동생활가정$^{그룹 홈}$'의 확대된 모습인데 장애인과 비장애인이 함께 가족을 이루어 살아가는 마을을 소개하고자 한다. 이곳을 통하여 통합적 삶의 소중함, 가족의 중요성을 다시 한 번 살펴보게 된다. 물론 독일의 디아코니아 단체에서도 문제점이 통독 이후 많이 나오고 있다. 이러한 독일의 문제가 무엇인지를 살펴서 한국 사회에는 그와 같은 시행 착오를 겪지 않기를 바란다.

끝으로 책의 마지막 결론을 맺고자 한다. 이 책의 한계성은 전 연령의 장애인을 다루지 못하였다는 것과 장애를 그 유형별로 구분하지 못하였다는 것이다. 필자는 중증장애인을 대상으로 하였고 장애인의 대상을 유치원, 즉 초등학교 입학 전까지의 아동을 대상자로 보았다. 또한 필자는 신학을 연구하는 신학자요 목회자로서 교회 내에서 장애아동을 위한 일들을 소개하였다는 제한성이 있다. 이런 부족함을 갖고서도 용기를 내어 책을 출판한 것은 사회에서는 훌륭한 학자의 좋은 글이 소개되고 있음에도 정작 그리스도의 정신으로 통합적인 삶을 살아야 하는 교회에서는 여러 가지 부족함이 있어서 작게라도 시작하는 바이고, 계속해서 좋은 글들이 나오기를 바라는 마음에서 본서를 집필하게 되었다.

2. 교회공동체와 디아코니아

'교회공동체와 디아코니아'의 목표는 교회를 통하여 교회 내에서뿐만 아니라 교회 밖에서도 디아코니아를 만들어 가는 것이다. 여기에서 교회 공동체와 디아코니아가 서로 균형을 잡아야 되고 그들의 개념, 전략과 실천들을 같이 조직하고 운영해야 한다. 교회 공동체가 잘 운영되려면 디아코니아에 대한 공감대가 필수 요건으로 작용한다. 그러나 디아코니아란 말을 사용할 경우 질문을 많이 받는데, 그 질문은 "디아코니아가 공동체의 과제에 속하였는가?" 등이다. 그 이유는 교회공동체의 관점과 독립된 디아코니아의 관점은 역사 안에서 이해를 해야 하기 때문이다. 역사 안에서 분리되었다가 하나 되고, 누가 주도권을 갖고 행하는지의 예를 들면 국가와 교회가 이런 부분에서 많은 갈등이 있었다. 이런 점에서 자칫 잘못하면 디아코니아에 대하여 이해를 잘못할 수도 있다. 하지만 분명한 것은 교회 공동체 사람들에게 있어서 디아코니아는 하나님으로부터 치료받는 행동과 예수 그리스도의 형상 안에서 돕는 사랑의 봉사로 모두에게 신뢰를 주는 것이다. 하나님의 백성은 하나님과 함께 살고 하나님의 사랑을 모든 사람들에게 나누어 주며 살아가는 것이다. 이런 점에 디아코니아와 교회 공동체는 분리될 수 없다.

'교회공동체 디아코니아'는 자원봉사자, 디아코니아 책임자들, 교회공동체의 책임과 관련된 책임자들이 연합하여 자유롭게 일하고 있다. 사람들이 힘들어하는 곳에서 가까워지고 공동체에서 이들 모두가 직접 만나게 되는 희망이 보인다. 그러나 몇 가지 아쉬움이 있다. 왜 교회 공동체 안에서 다양한 자원을 사용하지 않는가? 왜 교회 내 많은 사람들이 디아코니아의 사역 파트너로 포함되지 않는가? 왜 디아코니아 사역을 하는 이들이 비신앙적인가? 물론 한마디로 답을 찾기는 어렵다. 바라기는 교회 내 자원을 활용하고 함께 일할 수 있도록 지금보다 더 열심히 사역을 해야 한다.

첫째, 고통받는 사람들의 관점을 고려하는 일이다.

둘째, 고통받는 사람들의 삶의 환경을 살펴보고 도와주고 싶은 일이다.

세째, 고통받는 사람들과 환경을 강화시켜 주는 일이다.

넷째, 고통받는 사람들을 모으고 여러 기관들의 도움으로 그들을 돕는 일이다.

사람들이 서로의 의견을 들어 주고 모두가 책임을 지는 것 또한 자기들 스스로가 원하는 구조로 만들 수 있다. 이런 역할을 하는 것이 좋은 구조다. 만일 삶의 공간을 더 좋게 만들기 위한다면 디아코니아의 질서는 공동체를 새롭게 보여 주어야 한다. 그리고 디아코니아 기관에서 일하는 관리자들의 관심을 교회 공동체로 가게 만들어야 한다. 이것뿐 아니라 점점 바깥으로 문이 열리는 것을 원한다. 만일 사람들이 삶의 공간을 새롭게 만들기 원하면 교회 공동체가 도와준다. 디아코니아가 섬기는 사역으로 알려져서 고통받는 사람들을 도와주는, 그리고 디아코니아의 모든 힘으로 고난받는 이들을 돕는 것에는 문제가 없다. 고난과 고통이 고백을 통하여 신앙으로 나눠지지 않을 경우에는 특정 단체에만 책임을 지게 된다.

교회 공동체의 디아코니아는 삶을 함께하는 것이고, 교회 공동체와 다양한 사회봉사와 연결되는 것을 목표로 하고 있다. 재정적 관점이나 전문적 사역의 관점으로 전문가들이 혼자서 일하던 시대는 지나갔다. 우리의 미래는 구호단체에 달려 있고, 또 이 단체는 공동체에 속해 있다. 이런 것은 서로의 연대를 만들어 주고, 자발적으로 일하게 하며, 자원봉사자를 조직하게 할 수 있다. 삶의 공간에서 디아코니아 일은 공동체를 돕고 삶의 공간을 수용하며 변화시켜 주는 것이다. 이것은 생명의 소중함을 사람들에게 알려주고, 자신이 지금 어디에 있는지를 찾게 한다. 이런 점에서 디아코니아란 무엇인지, 성경적인 측면에서 디아코니아를 해석하고 교회 안에서, 세상 안에서 디아코니아의 사역과 디아코니아의 역사를 살펴보며 한국 교회 공동체가 우선적으로 해야 할 디아코니아의 사역이 무엇인지 제안하고자 한다.

1. 성경 속의 디아코니아

언젠가부터 교회 내에서 디아코니아^{Diakonia}란 단어를 자주 사용하게 되었다. 이 말은 이미 성경에 나온 단어이지만 과거 한국 교회에서는 디아코니아란 말보다는 '기독교봉사', '기독교사회복지', '교회사회복지', '교회봉사' 등의 다양한 용어를 함께 사용해 왔다. 한국 교회가 이처럼 용어를 아직 자리매김하지 못하는 이유는 한국 교회 봉사의 역사가 사회봉사 역사학자들이나, 교회역사가들에 의하여서도 마찬가지로 다루어지지 않았기 때문이다.[1] 그래서 아직도 용어의 선택과 활용에 있어서 일치된 약속이나 합의가 이루어지지 못하였다. 최근에 와서야 '디아코니아'란 단어로 사용되기 시작했다. 이것은 지금까지의 기독교사회봉사가 일반 사회봉사와 큰 구분 없이 사용되었기 때문에, 조금 다른 자세로 기독교의 복지를 강조하는 의미에서 사용하는 것은 아닌가 생각해 본다. 그렇다면 성서에서는 디아코니아를 어떻게 사용하였는지 살펴보고자 한다.

예수님의 제자들이 예수님을 따라다니던 중에 어느 시점이 되면서 제자들은 본연의 모습을 보이기 시작한다. 그중의 하나가 자리 문제이다. 자리는 그 당시나 지금이나 중요한 부분이다. 한국 교회사에 보면 선교사들이 한국 가정에 심방 가서 상황에 따라 어디에 앉아야 하는지를 파악하는 것이 매우 힘들었다고 한다. 마찬가지로 어떤 제자의 어머니는 자신의 아들을 예수님께 중심 자리에 앉혀 달라고 부탁한다. 제자들 역시 누가 가장 큰 사람이냐를 놓고 싸우기도 하였다. 이런 과정 속에서 예수님은 자신이 식탁에서 대접을 받고자 함이 아니요 식탁에서 섬기는 자라고 말씀한다$^{눅 22:27}$. '섬기는 자', 그리스어 '디아코네인^{diakonein}'은 어원 그대로 식탁에서 시중드는 것을 의미한다. 그 당시 식탁에서 시중드는 자는 종이었다. 그런데 예수님 자신이 식탁에서 종처럼 시중들러 오셨다고 자신을 소개한다. 여기서 사용된 '디아코니아'라는 단어는 명사형이다. 디아코니아를 '직무'$^{행 1:17, 행 21:19, 고후 9:12~13}$, '직분'$^{롬 11:13, 고전 12:5, 고}$

---

[1] Seung-Youl Lee, Die Geschichte der Diakonie in den protestantischen Kirchen Koreas und Perspektiven fur die Erneuerung ihrer diakonischen Arbeit, Peter Lang Europaeischer Verlag der Wissenschaften, Frankfurt am Main, Berlin, Bern, Bruxelles, New York, Wien, 1999, S. 90.

후 3:9, 고후 4:1, 고후 5:18, 고후 6:3, 골 1:25, 딤전 1:12 '사역'행 6:4, '사명'행 20:24, '일'딤후 4:11, '구제'행 6:1, '부조'행 11:29, 행 12:25, '봉사'엡 4:12처럼 우리 말 성경에서는 여러 가지로 번역하고 있다. 또 다른 명사형은 '디아코노스Diakouos'이다. '사역자'고전 3:5, '일꾼'롬 16:1, 고후 3:6, 고후 6:4, 고후 11:15, 23, 엡 3:7, 딤전 4:6이라고 번역하고 있다.[2]

로마서 12장과 고린도전서 12장에서 바울은 다양한 은사를 통한 봉사와 그 기능에 대하여 말한다. 바울은 모든 성령의 은사는 근본적으로 평등한 것으로, 모든 은사는 봉사를 위하여 존재한다고 말한다.[3] 이러한 사고는 사도행전 안에서 계속되었다. 쉴레[G. Schille]는 사도행전 6장 1~7절의 주해에서 누가는 교회 내부의 갈등 처리를 위한 모범으로 본문을 보여 준다고 설명하고 있다. 하지만 누가는 고정된 사고를 원하지 않았다. 그것은 절대적으로 특정 그룹의 지배가 아니라고 말한다. 누가는 봉사로 말미암아 교회의 갈등 처리를 하며, 교회의 하나 됨을 강조한다.[4] 사도행전 6장에 보면 초대 교회 사도들 안에 봉사자들이 나온다. 이 봉사자들은 사도들로 말미암아 만들어졌고, 이것은 그리스도로 말미암아 생겨난 것이다. 사도들의 일을 돕기 위해 봉사자들을 선출한 것이다. 그 이유는 초대 교회 안에서 구제 문제로 갈등이 생겼기 때문이다. 해외에서 살던 헬라파 유대인들을 위한 구제에 본래부터 고향을 지키고 살던 히브리파 사람들이 차별을 하는 것이었다. 다른 문제도 아닌 먹는 문제는 자존심까지 상하는 문제였다. 이때 사도들이 봉사자, 즉 디아코니아를 선출하는데 성경 말씀에 의하면 그들의 조건은 이렇다. 봉사자[디아코니아]들은 성령이 충만한 자들로서 사도들의 기도와 안수를 통하여 선출한다. 안수의 조건으로 볼 때 단지 떡만 나누어 주는 사람의 일은 아닌 것이다. 봉사자들의 과제는 말씀의 전달자로서의 사역과 가난한 자들을 위한 사랑을 전하는 것이었다. 교회 공동체 안에서 가난한 자들은 이 봉사자[디아코니아]들을 찾아간다. 가족으로부터, 단체로부터 구제를 받지 못한 이들이 찾아간 것이다. 이들을 돕는 것 역시 봉사자[디아코니아]들의 사역이었다. 이 봉사자들은 사도들로 말미암아 만들어졌지만 사실은 그리스도로 말미암아 생겨난 것이다.

2) 박동현, 《〈성경에서 말하는 섬김〉》, 대한예수교 장로회 총회 제 93회 총회 주제해설 "섬겨야 합니다.", 한국장로교출판사, 2008. pp.9-19
3) So besonders beim Gebrauch der ausserordentlichen Charismen in Korinth, 1 Kor 12 und 14.
4) G. Schille, Konfliktloesung durch Zuordnung, in: Gerhard Schaefer/Th. Strohm, Diakonie - Biblische Grundlagen und Orientierungen, Ein Arbeitsbuch. VdDWI Bd. 2, Heidelberg 1990, S.258

한국 교회에서는 이들을 가리켜 '집사'라고 칭한다. 이 부분을 읽을 때마다 어느 곳에도 집사란 단어가 나오지 않는데 디아코니아란 단어를 집사로 해석하고 있는 한국 교회가 많이 있다. 따라서 마치 디아코니아 사역이 집사의 사역인 것처럼 해석되고 있다.

예수님 당시에는 직제로서는 디아코니아란 단어가 사용되지 않았다. 이것이 교회의 직제로 자리 잡기 시작한 것은 오히려 후대인 바울이 사역하던 시대이다. 바울은 고린도후서 4장 1절에서 이렇게 말한다. "이와 같이 우리가 하나님의 자비하심을 힘입어서 이 직분을 맡았으므로, 우리는 낙심하지 않습니다." 로마서 11장 13절에서 이렇게 말한다. "이제 나는 이방 사람인 여러분에게 말합니다. 내가 이방 사람에게 보내심을 받은 사도이니만큼, 나는 내 직분을 영광스럽게 생각합니다." 고린도후서 5장 18절에서 이렇게 말한다. "이 모든 것은 하나님께로부터 옵니다. 하나님께서는 그리스도를 내세우셔서, 우리를 자기와 화해하게 하시고, 또 우리에게 화해의 직분을 맡겨 주신…." 여기에서 모두 디아코니아가 직분이란 말로 사용되기 시작한다. 이뿐만이 아니라 '일꾼'롬 16:1, 고후 3:6으로, '사역자'고전 3:5로 해석한 부분도 바로 바울의 시대에 가서이다.

사도행전 6장 1~7절에 나타난 디아코니아란 단어는 직제보다는 정신으로서 교회 공동체 디아코니아의 배경이 되었다. 이 공동체는 '그리스도 안에서' 예수가 나타나는 장소이다. 공동체의 표시로서는 섬김의 나타남이 중요하다. "너희 가운데 누구든지 위대하게 되고자 하는 사람은 너희를 섬기는 사람이 되어야 하고 너희 가운데서 누가 으뜸이 되고자 하는 사람은 모든 사람의 종이 되어야 한다"막 10:43~44. 마가복음 10장 45절에 "인자의 온 것은 섬김을 받으려 함이 아니요, 도리어 섬기려 하고 자기 목숨을 많은 사람의 대속 물로 주려 함이니라." 본문에서 예수님의 삶과 하나님의 아들의 일, 그리고 봉사자의 새로운 이해를 보여 주었다. 예수님을 섬기는 것은, 사람들에게 사랑을 보이는 일이다. 그 일은 보통의 사람들이 하는 사랑이 아니라, 사람들이 이해할 수 없는 한 단계 높은 사랑이다.

요한복음 13장 46절에서 세족식은 예수님이 제자들에게 상상할 수 없는 섬김의

---

5) Theologisches Begriffslexikon zum Neuen Testament, S. 192. Hier wird schon an Hand der Sprache deutlich, warum fuer die Griechen das Wort vom Kreuz eine Torheit sein musste (1 Kor 123).

모습을 보여 준 부분이다. 이러한 상상할 수 없는 섬김은 예수님이기 때문에 가능하다. 왜냐하면 예수님은 그의 인생에서 완전한 하나님으로서 인간을 사랑하였고, 또한 완전한 인간으로서 이웃에게 사랑과 섬김을 실천했으며, 아직도 실천하고 있다. 그러므로 예수님의 섬김의 의미는 "사회의 낮은 계층 헬라파 사람들을 위해서는 좋은 개념이었지만 상류층의 사람들에는 상상할 수 없는 일이었다."[5]

빌립보서에는 그리스도가 '디아코노스 Diakonos, 시중드는 자'와 '둘로스 Doulos, 종'로서, 그리고 인간의 모습으로 나타난 것이라고 말하고 있다. 쉽게 말하면 내가 종으로 태어나서 섬기는 사람은 '둘로스 Doulos, 종'이다. 그러나 내가 종으로 살지 않아도 되는 신분인데 종의 모습으로 섬기며 살아가는 것이 바로 '디아코노스 Diakonos, 시중드는 자'이다. 이 단어가 동사로 사용될 때, 진정한 자유함에서 나오는 섬김, 이것이 '디아코네오'이다. 무조건 선택의 자유 없이 섬기는 것은 노예 douleia를 의미하는 둘류오이다. 이것은 '종노릇하다' 롬 6:6, 갈 4:8~9, 갈 5:13, 딛 3:3, '수고하다' 빌 2:22로 번역한다. "그는 근본 하나님의 본체시나 하나님과 동등 됨을 취할 것으로 여기지 아니하시고 오히려 자기를 비어 종의 형체를 가져 사람들과 같이 되었고 사람의 모양으로 나타나셨으며 자기를 낮추시고 죽기까지 복종하셨으니 곧 십자가에 죽으심이라" 빌 2:6~8. 예수님은 종으로 살지 않아도 될 분이 종으로 사신 것이다. 이것이 섬김의 모습이다. 디아코니아 신학을 이해하려면 진정한 예수 그리스도의 삶을 바로 알아야 한다. 섬김은 예수 그리스도 안에서 이루어진다. 루터는 그의 유명한 두 논문에서 "기독교인들은 자유로운 사람입니다. 또는 기독교인은 모든 이의 종입니다.[6] 그리스도 안에 있는 하나님의 사랑, 하나님으로부터의 이웃 사랑이 디아코니아로 성장할 수 있습니다"라고 말하고 있다.[7]

예수님은 궁핍한 사람들에게 가셔서 그들이 천하게 보이는 대상이 되지 않도록 그들과 접촉을 하였다. 신체적인 예수님의 접촉은 구체적이며, 가끔은 너무나도 구체적이어서 비위생적으로 느끼게 한다. 어떤 경우 말 못하는 자와 눈먼 자에게 손만 얹었을 뿐 아니라 입에서 침을 취하여 손으로 말 못하는 자의 혀를, 또는 눈먼 자들의 눈을 쓰다듬어 주셨다 막 7:31; 막 8:22. 예수님은 이처럼 특정한 사람들과 제한을 두고 만난 것이 아니라 종교적이며 문화적인 것을 뛰어넘어 관습을 깨뜨렸다.

6) Martin Luther, Von der Freiheit eines Christenmenschen (1520), LW Bd. 2, S.251
7) Ebd., S.273

예를 들면 나병환자는 그 당시 종교적으로 만날 수 없는 제한된 자였다. 그러나 예수님은 나병환자를 만난다. 이것이 예수님의 섬김 모습이다. 섬김은 교회 울타리를 벗어나 가깝고도 먼 이웃들을 돌보아야 한다. 경계선을 넘지 못하면 그것은 섬김이 아니다. 사람들은 저마다 경계선을 갖고 있다. 장애와 신분에 대한, 그리고 출신 지역에 따른 이러한 경계선을 넘어서게 하는 것, 이것이 예수 그리스도가 보여 준 섬김이다. 선한 사마리아 사람에 관한 이야기를 보면 교훈은 하나다. 섬김은 국경을 초월한다는 것이다. 제사장, 레위인은 섬김을 자신의 범위에서 직업적으로 한다. 그러나 사마리아 사람은 그러한 경계선을 넘어서는 섬김의 사람으로 다가온다. 이것은 우리들도 신앙의 동료들뿐만이 아닌 나와 직접적으로 관계 있는 사람들을 넘어서 다른 사람들까지 사랑해야 하는 이유이다.

구약성경에서 디아코니아의 의미와 비슷한 단어를 찾는다면 '아밧'이다. '아밧'은 '섬긴다'는 단어이다. 본래는 '땅을 갈다'라는 의미가 있지만 이 말이 사람을 상대로 할 때에는 '누구를 섬긴다'란 말이 된다. 그런데 '아밧'은 흔히 백성이 왕이나[왕상 12:4] 다른 나라 왕을 섬길 때[삿 3:14, 렘 27:8]를 가리키면서 원하지 않는 주종 관계에서 자유를 잃고 억지로 남을 위해 일하는 것을 뜻하기도 한다. 이 경우에 그렇게 섬기는 사람은 그를 부리는 사람에게 '종[에벳]'이 된다. 이런 주종 관계는 바람직하지 못하다[창 9:25]. 또한 '섬긴다'라는 의미의 다른 단어로는 '…앞에 서다[아맛리프네]'가 있다. 이는 아랫사람이 윗사람을 잘 모시려고 그 윗사람 앞에 서서 명령을 받드는 몸가짐을 묘사한다. 예를 들면, 모세 앞의 여호수아[신 1:38], 솔로몬 왕 앞의 신하들[왕상 10:8], 엘리사 앞의 수넴 여인[왕하 4:12] 등이다. 이런 동작은 신약성경의 디아코니아가 밥상에서 시중드는 몸가짐을 유사하게 묘사하고 있다.[8]

구약성경에서 인간은 어려운 일을 만나면 두 가지 모습을 보인다. 하나는 탄식이고, 다른 하나는 성경적인 사회법이다. 이스라엘은 슬픔에 처할 때 가장 먼저 탄식의 모습을 보였다. 시편의 3분의 1이 탄식이다. "여호와여 어느 때까지나이까? 나를 영영히 잊으시나이까? 주의 얼굴을 나에게서 언제까지 숨기시겠습니까? 내가 주의 영혼에 경영하고 종일토록 마음에 근심하기를 어느 때까지 하오며 내 원수가 나를 쳐

---

8) 박동현, 《《성경에서 말하는 섬김》》, 대한예수교 장로회 총회 제 93회 총회 주제해설 "섬겨야 합니다", 한국장로교출판사, 2008, p.16

서 자긍하기를 어느 때까지 하리이까?"^{시 13장} 매우 큰 삶의 재난을 마지막에는 찬양과 환호로 끝내며 이겨낸다는 것이다. 탄원시에서는 하나님께 모든 것이 달려 있음을 믿고 그분께 탄원을 한다.

    빈약한 자들이나 위협을 느끼는 자들을 위하여 적절한 사회적인 보호망이 있다. 이것이 사회법이다. 이 법은 시내산에서 하나님으로부터 그의 백성에게 주어진 법으로 이해된다. 이러한 성서적 사회법은 사회적 약자를 보호하기 위한 법으로 특히 자녀들에 의존해 살아가는 노인들을 위하여 자녀들이 의식주를 돌보아야 한다. "네 부모를 공경하라 그리하면 너희 하나님 나 여호와가 네게 준 땅에서 네 생명이 길리라"^{출 20:12}. 그리고 고아와 과부들은 항상 위협을 당하는 무리들이다. "너는 객이나 고아의 송사를 억울하게 말며 과부의 옷을 전집하지 말라"^{신 24:17}. 그리고 타국인들이다. 타국이란 전쟁이나 기근으로 자신들의 조국에서 쫓겨난 사람들이다. 그들에 대하여서는 "타국인이 너희 땅에 우거하여 함께 있거든 너희는 그를 학대하지 말고"^{레 19:33}. 구약성경은 신약성경에 비하여 많은 부분에 자기 동족들을 대상으로 사회법들이 연관되어 있다. 그러나 예수 그리스도에게 가면서 이 부분은 무너진다.

    사회법 분야는 이웃사랑 계명과 사회적 세금인 십일조 그리고 사회적 경제법이다. 이웃사랑에서 이웃은 추상적이지 않으며 구체적이다. 출애굽기 22장 21절의 "너희는 너희에게 몸 붙여 사는 나그네를 학대하거나 억압해서는 안 된다. 너희도 이집트 땅에서 몸 붙여 살던 나그네였다"와, 23장 9절의 "너희는 너희에게 몸 붙여 사는 나그네를 억압해서는 안 된다"는 말씀을 통해 하나님의 사랑을 말하는 이들은 나그네를 사랑하지 않을 수가 없다는 결론에 도달하게 된다.

    다음은 인류 최초의 사회적 세금인 십일조에 대해서 알아보겠다. 이것은 신명기 14장 22~29절에 명확하게 나오고 있다. 신명기 14장 22절 "너희는 해마다 밭에서 거둔 소출의 십일조를 드려야 한다"라고 기록되어 있으며, 25절에 "너희는 그것을 돈으로 바꿔서, 그 돈을 가지고 주 너희의 하나님이 택하신 곳으로 가서^{중앙 성소에 가서} 가족과 함께 먹으며 즐거워하되" 라고 하였으며, 27절에서 "그러나 성 안에서 너희와 함께 사는 레위 사람은, 유산도 없고 차지할 몫도 없는 사람들이니, 그들을 저버리지 않도록" 할 것을 제시하고 있다. 즉, 이것은 중앙 성소의 순례자들에 대한 경제보조를 위해 십일조를 사용하라는 의미이기도 하다.

하지만 신명기 14장 28~29절을 보면 "너희는 매 삼 년 끝에 그해에 난 소출의 십일조를 다 모아서 성 안에 저장하여 두었다가 너희가 사는 성 안에, 유산도 없고 차지할 몫도 없는 레위 사람이나 떠돌이나 고아나 과부들이 와서 배불리 먹게 하여라"는 말씀이 나온다. 우리는 여기에서 국가 세금의 3분의 1은 사회적 약자를 위해 사용하라는 하나님의 명령을 확인할 수 있다. 우리는 3년마다 확실한 십일조를 내어서 사회적 약자들을 위해 사용하라는 인류 최초 사회적 세금을 확인하게 된다. 다음은 빚 탕감에 대한 사회적 경제법인데 이것은 사회적 곤경에 처한 이들을 구제하기 위한 법이라고 할 수 있다.

이처럼 구약성경에 가난한 사람들, 신체적으로 병들고 불구가 된 사람들, 고아나 과부, 길손, 종살이하는 사람들에 대하여 많은 이야기가 나온다^{출 22:21~27, 출 21:10~12}. 이들을 국가적인 차원에서 보호하였다. 약자보호의 규범^{출 22~23장}, 담보물에 대한 규범, 품삯에 대한 규범^{신 24:10~13}, 그리고 도피성에 대한 개념^{민 35:6~32}이 있다. 레위기에는 50년째의 해에는 '자유의 해^{The Year of Liberty}'라고 했다. 히브리어 '요벨^{yobel}'은 땅을 쉬게 하고, 토지소유권을 원래의 주인에게 회복하는 것이다. 이런 제도는 약한 자들을 돕고자 하는 정신이다. 신명기에는 수입의 십일조를 내놓아 사회복지 기금으로 사용하게 하였다^{신 14:28~29}. 이때 채권자들의 횡포로 가난한 사람들이 시달림을 받는 사례가 많았던지 7년에 한 번씩 남의 빚을 면제해 주어 가난한 사람들이 없도록 하라고 했다^{신 15:1~4}. 뿐만 아니라 근로자들의 정당한 품삯을 받을 권리를 강조하고 나그네와 고아 과부의 인권을 옹호하면서 부의 균등한 분배를 거듭 강조하고 있다^{신 24:14~22}. 시편에서도 부자나 지배 계층에 대해 직접 명령하기보다 남을 돕는 행위를 칭송하고 축복함으로써 자선행위를 권장하고 있다^{시 41:1, 시 112:5~6}.

잠언에서는 마침내 가난한 사람을 돕는 것이 창조주 야훼를 높이는 것이요 이들을 억누름은 창조주를 모욕하는 것^{잠 14:31}이라고 하여 하나님 모습대로 인간을 창조하였다^{창 1:26~27}는 창세기의 말씀과 관련을 짓는다. 또한 구약에서는 가난의 원인을 게으름^{잠 6:11, 잠 10:4~20, 잠 20:30~34}, 쾌락의 추구^{잠 21:17, 잠 23:20~21} 때문이라고 보며, 가난은 법을 어긴 자에 대한 것으로 말하기도 한다. 이처럼 구약에서는 가난을 악으로 생각하였고 이것은 지속적이고도 고통스러운 상태로서 약한 자를 비굴하게 만들고 권력 있는 자들을 격상시키는 오류로 이끄는 의존과 억압의 관계를 초래한다고 보았다. 사람들은 가난을 극복하기 위해 애를 썼다. 그러므로 가난한 자를 돕도록 하였다. 이러한 사상은 예수 그리스도가 보여 준 디아코니아를 통하여 계승·승화되었다.[9]

2. 교회와 세상 속의 디아코니아

디아코니아는 어디서 이루어지고 있는가? 많은 경우 교회 내의 문제 또한 기독교인을 위한 봉사에만 직·간접적으로 요구하는 경우가 있다. 그러나 디아코니아는 그렇지 않다. 교회 내의 사역과 교회 밖의 하나님이 관심 있는 모든 삶의 영역에 우리가 관심을 가져야 한다. 성경에 나타나는 약자들 그리고 고통받는 모든 사람들을 도와주는 것, 이런 모든 것이 '디아코니아'이다. 이런 점에 필자는 교회 안에서 그리고 교회 밖에서 디아코니아가 무엇인지 소개하고자 한다.

(1) 교회 속의 디아코니아

바울서신에서 '교회'란 단어를 공동체로 이해할 수 있다. 공동체는 신앙인들의 모임 장소와 하나님의 치유와 성령이 나타나는 장소이다. 공동체는 성찬식과 관련된 분명한 장소이다.[10] 구약 성경의 전통에 보면 유대인들의 구제 돌봄 사역은 역시 초대 기독교 공동체 안에서 계속되어졌다. 특별히 성찬과 가난한 자들의 영혼 돌봄은 공동체 식사로서 축제로 모든 공동체 회원들에게 제공하였다.[11] 이 식사공동체는 봉사의 공동체로 이해하였다. 성찬식에서의 치유와 하나님의 사랑을 함께하는 사람들이 느낀다. 그것은 예수의 공동체 식사 전통 안에서 낮은 계층의 사람들과 멀리서 지켜본 죄

---

9) 신민선, 박용순, 《《기독교와 사회복지》》, 서울:예영사, 2003.pp. 96-97V
10) 1 Thess 15; Gal 11-514 fuer den konstitutiven Zusammenhang von Geist und Verkuendigungs-, bzw. Glaubensgemeinschaft sowie 1 Kor 12-14; Roem 123-8, fuer den Zusammenhang von geistlichen Gnadengaben und Erbauung der Gemeinde.
11) Dazu den Bericht von Justin (ca.1500 n. Chr.), leider ohne Quellenangabe abgedruckt in: Dieter Becker-Hinrichs, "In Aengsten und siehe wir leben", Auf dem Weg zu einer diakonischen Gemeinde, Ein Werkstattheft, Herrenberg 1990, S.65

인들, 문지기들 그리고 제자들이 함께 식사할 때 그들에게 주어진 것이다. 이 만남은 하나님의 뜻이었다. 거기서 빵과 잔에 대한 말씀이 주님의 마지막 식사를 의미한다. 이 의미는 공동체 식사가 끝나면서 거기에 있는 모든 사람들이 하나가 되어 하나님을 생각하고 그것을 나누는 것이다. 이처럼 성찬식의 의미는 예수님의 섬김의 모습을 보여 주는 것이다.^{고전 10:16}

따라서 교회는 '섬김'과 '성찬'을 서로 나누지 말아야 한다. 왜냐하면 성찬식의 견해에는 그리스도와 함께하는 공동체의 의미도 있지만 서로 섬기는 의미도 포함하기 때문이다. 사도행전 2장 42절에서는 성찬식과 섬김이 구성 요소로 되어 있다. 주님에게 받은 은사를 서로 나누는 것이 섬김이다. 빌립^{Philip}은 이것을 디아코니아의 기본이라고 말하였다. 또한 바울은 이 공동체의 나눔을 예수의 몸으로 표현하였다. 그리고 성령의 은사로 연결시켰다^{고전 12장, 롬 12장}. 그리고 예수님은 자기를 믿는 자, 은사가 있는 자에게 몸이 되어 주신다. 예수님의 몸은 성령을 통하여 다양한 은사를 나누어 주어 서로 섬기게 만들어 주셨다.[12] 이런 점에 교회라는 공동체 안에서 우리는 서로 섬김을 배우고 섬김의 삶을 살아야 한다.

독일의 경우 개 교회의 당회에는 디아코니아 업무에 위임받은 사람들이 있다. 이들은 목회자를 도와 디아코니아 업무를 한다. 그들의 최우선 과제는 교인들에게 디아코니아 인식을 진작시키고 전문 직원과 자원 봉사자들을 발굴하여 그들과 함께 사역하는 것이다. 그 외에 이들은 가정 복지, 어린이, 청소년, 노인, 장애인, 외국인을 위해 모금도 하고 돌보는 일을 한다. 이들은 서로 협력하여 일할 수 있도록 연합을 모색한다. 또한 기독교 봉사국에서 경험을 얻어 교회 내에 다시 전하는 일을 한다.

(2) 세상 속의 디아코니아

마태복음 25장 31~39절에 기록된 것처럼 예수 그리스도가 섬기는 자로서 이 세상에 감추어져 생활하듯, 우리도 세상 안에서 예수 그리스도의 숨겨진 존재이다.[13] 예수님의 모습을 보면 하나는 교회 안에 있는 모습이고, 하나는 세상에서 나타나는 모습이

---

12) In Roem 127sollte man sich nicht von der speziellen Nennung des Charismas der Diakonie irritieren lassen, das in der neueren Exegese meist in der Bedeutung von "Amt der Diakone" gedeutete wird. U. Wilckens, Der Brief an die Roemer, EKK 3, Neukirchen 1978,S.14

다.[14] 예전적인 예배와 세상에서 섬기는 충만한 예배에서 나타나는 예수님의 모습을 비교하면 두 가지 장면에서 똑같이 움직이고 일하신다. 이런 점에서 볼 때, 디아코니아를 단지 하나의 사회 윤리로 이해하고 혹은 사회복지 사업의 실행으로 이해하거나, 교회의 사역만으로 생각하는 것은 옳지 않다. 디아코니아는 교회의 예전으로서 또한 세상에서 섬기며 살아가는 모든 것을 말한다.

요한복음 20장 21절에 예수님의 파송이 나온다. 예수님은 우리를 세상으로 파송한다. 또한 고린도후서 5장 18~19절에는 교회의 사명이 세상과의 화해로 나타난다. 세상으로의 파송과 화해는 예수님의 섬김이다. 교회는 그리스도의 피조물이지 독립적으로 창조된 것이 아니다.[15] "교회 파송의 중요한 뜻은 화해를 세상에 깨닫게 하는 것이 아니다. 교회의 파송은 화해를 말씀과 행위 안에서 증거해야 하고, 다가오는 하나님 나라를 알려야 하며, 사랑의 섬김을 선포해야 한다."[16]

교회공동체는 세상을 위한 장소와 방법으로 사용되어야 한다. 하나님의 의지는 인간을 위해서 그리고 세상을 위해서 다음 세대에게 나타나고 섬기는 것이다. 이런 점에 만일 세상이 도와주기를 요청하면 교회는 세상으로 가야 한다. 그것은 주님이 종의 모습으로 그리고 낮은 모습으로 아직도 이 땅에 나타나고 있는 것이다[마 25:31].[17]

교회공동체의 디아코니아는 국가의 사회 정책과 연결되어 함께 일을 한다. 이는 교회가 하나의 팔로서 넓게 사회 속에 들어가 있는 것이며 모든 고통받는 이들을 도와주는 길이다. 독일 사람들이 교회에 남아 종교세를 내며 교회에 대한 희망을 갖

---

13) Heinz-Dietrich, Christos Diakonos, Christos Doulos, S. 19. Fuer die exegetisch umstrittene Frage, wer denn die "hoi elachistoi" aus Mt 2540 seinen, E. Brandenburger, Das Recht des Weltenrichters, Untersuchung zu Matthaeus 2531-46, Stuttgart 1980.Ders., Taten der Barmherzigkeit als Dienst gegenueber dem koeniglichen Herrn(Mt 2531-46),in: G.K. Schaefer/Th. Strohm, Diakonie – Biblische Grundlagen und Orientierungen, S.297 sowie die unterschiedliche Auslegung von H. Krimmer "Arbeitskreis fuer eine missionarische Diakonie" (Hg.), Die Frage nach dem Naechsten und die Antwort der Bibel, S.5) gegenueber der von G.K. Schaefer/Th. Strohm im Ausschluss an E. Brandenburger (Der Dienst Christi als Grund und Horizont der Diakonie, S.10-15).
14) Man koennte sie geradezu mit den vier alpha privativa von Chalcedon 451 als "unvermischt, unverwandelt, ungetrennt und ungeteilt" beschreiben.
15) Dem Dienst der Kirche keine eigene Qualitaet zukommen zulassen, "vielmehr nur die durch die Gnade geschenkte Zeugniskraft", war das besondere Anliegen der Ekklesiologie. Heinrich Vogel, Gott in Christo. Ein Erkenntnisgang durch die Grundprobleme der Dogmatik, Berlin 1951, S.894
16) Gerhard Schaefer/Th. Strohm, Der Dienst Christi als Grund und Horizont der Diakonie, Ueberlegungen zu einigen Grundfragen der Diakonie, Stuttgart 1987, S.9
17) Dieser Aspekt einer Theologie der Diakonie wird besonders von dem befreiungstheologisch ausgerichteten Diakoniker H.Steinkamp betont. Herman Steinkamp, Diakonie – Kennzeichen der Gemeinde. Entwurf einer praktisch-theologischen Theorie, Freiburg 1985, S.87

는 이유는 교회가 사회에서 이런 역할을 수행하기 때문이다.

3. 디아코니아의 역사

디아코니아 역사를 한마디로 설명하는 것은 간단하지 않다. 우선은 유럽의 역사를 살펴보아야 하고, 그 가운데 독일에서 태동하게 된 배경을 알아야 한다. 필자는 디아코니아 창시자가 누구인지, 그에 대한 이야기를 주로 기록하였으며 현재 독일에서 실시되고 있는 디아코니아를 소개함으로써 사람들이 무엇에 관심을 갖고 있으며 어떻게 발전되어 가는지를 살펴보고자 한다.

(1) 독일 교회의 상황

19세기 유럽 사회는 기독교적 사회였다. 그러나 20세기에 이르러 1차 세계 대전이 끝나고 큰 변화가 일어났다. 그것은 봉건제도가 무너진 것이다. 귀족들은 그때까지 누렸던 역할을 행사할 수 없었다. 칼 막스의 이념을 실현코자 하는 노동자 운동이 점점 강해졌으며 19세기에 이르러 사람들은 자신의 사회적 위치를 얻고자 하였다. 상층 계급의 사람들은 계속해서 상층 계급으로서 자신의 권력을 유지하기 원했고, 하층 계급의 사람들은 벗어나고자 했다. 또한 독일은 19세기 초까지 오랫동안 하나의 국가가 아니라 봉건 영주들의 소국가들로 분산되어 있었다. 1871년에야 비로소 독일이란 국가가 세워졌다. 그러나 이 나라는 독일 땅에 세워진 것이 아니고 프랑스의 벨사이Versailles에 세워졌다. 지금도 그 잔재가 있어서 독일의 주 교회들Landeskirchen은 소국가들의 경계선을 유지하고 있다. 예를 들면, 바덴 뷔어텐베르크Baden-Wuerttenberg주가 그렇다. 여기에 주의 수도는 슈트트가르트Stuttgart로 정하였는데, 그 주에는 옛날 봉건 영주의 영지인 바덴Baden과 거의 동일한 뷔어텐베르크 영주 국가를 포괄하는 뷔어텐베르크 주교로 양분화되어 있다. 그래서 한 주에 두 개의 주 교회가 있다.

마틴 루터의 종교개혁의 영향으로 교회는 제도교회Amtkirche가 되었다. 영주는 교회의 가장 큰 주교이기도 했다. 그래서 영주가 교파를 바꾸면 그에 속한 모든 사람들은 자동적으로 종파가 바뀐다. 구교의 영주가 신교의 영주가 되면 모든 사람들이 신교 성도가 된다. 그래서 종파를 유지하기 위해 사람들은 다른 지역으로 이사를 가거나 미국으로 이민을 가는 경우가 있었다. 그 당시 교회는 설교와 세례, 혼인, 장례예식과 같은 의식의 집행을 주로 행하였다. 교회의 일은 선거권을 가진 남자들이 주로 담당했다. 충분한 수입을 가진 25세 이상의 남자들만이 회의에 참여할 수 있었다. 물론 세례를 받은 자라야 했다. 여자들은 한 명도 없었고, 교회의 약 20퍼센트에 해당하는 남자들만 참여하였다. 결국 소수의 사람들이 교회 일을 결정하였고 대체적으로 신분이 높은 사람들만이 참여하였다. 이런 가운데, 1892년 콜레라 전염병이 크게 유행하여 수천 명의 사람들이 죽었다. 그러나 위생시설은 비참한 상황이었다. 이런 상황들이 계기가 되어 수도원 운동과 경건주의 운동, 그리고 디아코니아 운동으로 연결되었다.

뷔어텐베르그 주 교회 총감독인 젠스 팀$^{Jens\ Timm}$이 1996년에 '21세기를 향한 선교, 교육, 봉사대회'에 참여하고자 한국을 방문한 적이 있었다. 그때 그는 이런 말을 하였다. "1950년대 독일 교회의 디아코니아는 머리에 흰 수건을 쓰고 있는 여성의 모습과 독신과 청빈을 의무로 여기며 교회의 디아코니아를 하던 부인들이 있었다. 그들은 병자를 돌보고 임종을 지켜보며 더러운 발을 씻겨 주며 하루 8시간씩 교회에서 봉사하던 자들이다. 정작 그들 자신이 생활하기 위해서 그들은 별도의 노동을 하였다. 한마디로 전쟁 직후 독일의 디아코니아는 구제 사업이었다. 미국의 기독교인들은 독일 사람들에게 단지 적과 패자로 도와주었다." 처음 독일의 디아코니아도 이런 모습으로 시작되었던 것이 분명하다. 그러나 지금의 독일 디아코니아는 그렇지 않다. 그들은 전문적인 일을 하며 연속성과 신뢰성에 근거한 분명한 구조를 갖고 있다.

독일인들의 80퍼센트에 해당하는 대부분의 사람들은 자신이 어느 한 종교에 소속되어 있다고 시인한다. 물론 여기에서 말하는 종교는 신교와 구교이다. 그러나 주일 아침 교회에 가보면 텅 빈 교회를 보게 된다. 전체 교인의 약 5퍼센트가 교회 예배에 참여한다. 대체로 어려서 1년 내지 2년 입교교육을 받은 후에는 교회와 인연을 끊는다. 그들에게 있어 교회는 거대한 하나의 제도일 뿐이다. 이와 같은 제도적 교회로부터 탈퇴하는 것은 간단하다. 단지 해당 관청인 시청에 가서 탈퇴 사유를 적은 서류 한 장을 작성하여 제출하면 끝나는 것이다. 목회자와 신앙의 상담을 통하여 하는 일은 그들에게는 필요하지 않다. 그러나 이런 독일 국민들도 교회가 사회봉사, 즉 디아코니아를 하기 원한다. 즉 섬김 사역에 동참해 주기를 바라는 것이다. 이것이 이들이 아직도 교회는 가지 않지만 교회에 적을 두고 종교세를 내는 유일한 이유다. 독일 교회는 자신의 총 수입 중 일부를 종교세로 국가에 내게 되어 있다.

현재 독일의 사회복지 체계는 여섯 개의 중요한 협회에 의하여 구성되어져 있다. 1848년 개신교의 디아코니아를 필두로 하여 1897년 가톨릭의 카리타스, 1919년 독일 유대인 복지센터, 1921년 독일 적십자, 1924년 노동자 복지 조합, 독일 평등복지 사업협회이다. 이 모든 단체는 1924년 독일 '자율 복지 기관 연맹'이라는 기구 안에 속해 있다. 또한 이 안에는 110만 명의 전임요원이 일을 하고 있고, 250~300만 명의 자원 봉사자들이 봉사를 하고 있으며, 약 6만 개에 해당하는 디아코니아와 카리타스 기관에서 약 90만 명 이상 직원들이 일을 하고 있다. 이들이 하는 일은 외국인 망명자,[18] 고아, 장애인 그리고 노인 문제 등이다.

필자는 수개월간 독일의 한 양로원에서 자원봉사자로서 일을 한 적이 있다. 필자가 한 일은 독일 교회의 상담 목사와 같이 정기적으로 병상을 돌며 이야기를 나누는 것이었다. 필자가 만난 이들의 대부분은 외로움 속에서 그들 삶의 시간을 보낸다. 뿐만 아니라, 실직자, 병원, 약물중독자, 요양소의 수많은 사람들이 알코올로 병들어 있다. 가정을 파괴하고 자신을 병들게 한다. 이들을 위해 상담소와 상담요원을 확보해야 한다. 그리고 교회 내에 이런 사람들이 모이고 함께 이야기할 수 있는 공간을 마련하는 것이 필요하다. 필자는 독일에 있을 때 언어적인 장벽으로 중독 상담을 위한 시설에 가기 힘든 분들을 위하여 한국어로 교회에서 정기적으로 상담과 신앙교육, 동질 그룹끼리의 만남을 통한 그룹상담, 역할극 등 다양한 프로그램을 실시했다. 그리고 필요한 경우 이들이 교회 예배에 참여하여 자신의 문제를 이야기하는 자리에 가기도 하였다. 물론 이 경우에도 문제는 적지 않은 이들이 다시 중독으로 돌아가는 경우가 많았

---

18) 많은 사람들이 위기적인 상황에 접하게 되면 독일로 도피해 온다. 그들을 돌보고 보호해야 한다. 그러나 대부분 사람들은 자국으로 돌려보내진다. 그들을 다시 돌려보내야 되는지의 여부는 항상 국가와 교회의 해석이 갈등한다. 국가는 이들이 큰 어려움 없이 다시 돌아가도 살 수 있다고 말한다. 그러나 교회기관은 그렇게 보지 않는다. 이들이 다시 돌아가면 고문을 심하게 받고 심지어 육체적·정신적인 위험을 안고 살게 된다고 본다. 따라서 교회는 도망자들의 삶을 도와주어야 한다고 말한다. 특히 이들과 동행하는 사람들이 필요하다. 왜냐하면 이들에게는 언어 문제가 있다. 인종차별이 있기에 더욱 그들을 도와주고 동행하여 그들의 일을 도와주어야 한다. 물론 이들을 숨겨 주는 것이 법적으로 문제가 된다. 그러나 그 망명자가 기독교인이든지 아니든지 간에 그들을 돕는 것은 분명한 하나님의 일인 것이다.

다. 그렇기 때문에 오랜 시간을 인내하며 도와야 한다. 끝으로, 호스피스 운동[19]이다. 이와 같은 모든 일들이 디아코니아 기관에서 하는 사역들로서 중요한 부분이다.

그러나 독일 디아코니아 기관에도 당면한 문제가 있다. 그것은 디아코니아 봉사자들이 처음의 정신과는 달리 직업적으로 일을 하기도 한다는 것이다. 처음에는 디아코니아 정신으로 시작하며, 단체들 또한 그런 정신으로 운영을 하지만 점점 시간이 흐르면서 변한다는 것이다. 전문성은 강조되는데 점점 그리스도의 사랑이 부족해진다. 이런 점에 전문 능력뿐만이 아니라 그리스도의 사랑이 가득한 사람이 필요하다. 필자가 알고 있는 어느 디아코니아 기관에서 일하는 한 간호사는 일하기가 점점 힘이 든다고 한다. 그분이 일하는 기관의 운영자는 교회이다. 때문에, 운영자의 입장에서는 기관에서 일하는 직원들에게 환자를 방문할 때 한 가정에 머물면서 충분한 시간을 보내 주기 원하지만, 실무자들의 현실을 보면 주어진 시간 안에 여러 환자들의 집을 방문해야 한다고 한다. 주어진 시간 안에 여러 집을 방문해야 하는 현실과, 원칙적인 부분을 요구하는 운영자 사이에 갈등이 생기고 있다. 심지어는 직원을 뽑을 때 신앙과 무관하게 직원을 뽑는다고 한다. 이런 점에 독일의 디아코니아 기관에서 일하는 많은 사람들은 봉사자란 단어보다는 하나의 전문화된 직원으로 자리매김하고 있는 것이 현재 독일의 상황이다. 뿐만 아니라 전 세계적으로 공통된 문제의 하나인 경제적인 문제가 독일의 경우에도 통독 이후에 큰 사회적 문제로 나타나고 있다.

(2) 디아코니아의 시작

디아코니아란 말은 위에서 살펴보듯이 성경에 나온 단어이지만 이것을 사회 속에서 섬김의 조직으로 체계화시킨 사람은 '요한 힌리히 비헤른$^{Johann\ Hinrich\ Wichern,\ 1808-1881}$'이다.

Johann Hinrich Wichern, 1808-1881

1820년 독일은 신앙적 각성운동과 더불어 산업혁명의 여파로 생겨난 심각한 사회 문제들이 있었다. 이때 기독교인의 사회적

---

[19] 최근 몇 년 동안 다른 사람들의 임종을 지켜봐 줄 준비가 되어 있는 사람들이 많아졌다. 그래서 호스피스 운동이 일어났다. 그들은 임종을 맞이하는 이들의 침상에 앉아서 성경을 읽어 주고 기도를 해 준다. 그리고 사소한 일들, 즉 입에 침이 마르면 입술을 적셔 주는 일 그리고 손을 꼭 잡아 주는 일 등을 주로 한다. 그것은 임종을 맞이하는 이들이 혼자가 아니라는 느낌을 갖게 해 주는 일이다.

실천이 요구되어졌고 광범위하게 일어나게 된다. 대표적인 것은 어린아이들이 노동을 하고 고아가 늘어나고 가난한 이들이 늘어났다. 이때 비헤른이 1808년에 함부르크에서 태어났다. 그가 어렸을 때 아버지의 죽음과 가정의 어려움으로 어린 10대 나이에 가장 역할을 해야 했다. 고교 졸업 후 대학진학을 못하고 고아원 혹은 학교 교사 보조로 일을 하기 시작한다. 이때 그는 교육경험을 하게 되고 가난한 자를 돕는 것이 무엇인지 알게 되며 괴팅엔 대학과 베를린 대학에 뒤늦게 들어가 신학을 공부하면서 그곳에서 교수들을 통하여 봉사의 눈이 더욱 열리게 된다. 비헤른은 베를린에서 '네안더$^{J.A.W\ Neander}$'와 '슐라이어마허$^{F.D.E.\ Schleiermacher}$'의 영향을 받았다. 비헤른의 관심은 기독교 정신을 반대하는 무리의 반대편에 있었고, 위기에 처한 백성들을 돕는 일에 관심을 갖게 되었다.[20]

프랑스와의 전쟁 이후 함부르크는 비상사태로 존재하였다.[21] 함부르크는 큰 도시였다. 그 당시 함부르크 도시에는 자선사업과 약간의 구제금에 대한 희망으로 살아가는 사람들이 많이 있었다. 그런데 도시들은 많은 사람들을 돌보는 일에 큰 도움을 주지 못하였다. 결국 빈곤은 새로운 모습으로 변하였다. 지금까지는 개인적으로 위험이 있었지만 이제는 사회적 빈곤으로 바뀌었다. 이런 상황에 도시가 아닌 교회가 돌봄 사역을 시작하였다. 그것은 오직 독일의 라인란트와 베스트팔렌^{Westfalen}에만 있었다. 하지만 교회 밖에서는 그리스도인들이 개인적으로 봉사하는 일이 있었다.

이런 시대 속에서 비헤른은 루터의 어려운 이웃을 돕는 정신에 더욱 관심을 갖게 되었고 이미 학생 때 '내부선교$^{Innere\ Mission}$'의 기본 틀을 만든다. 내부선교란 말 속에는 자기가 속한 곳에서 섬김 사역을 실천하는 의미가 있는데 실제로 비헤른은 졸업 후 자기 고향으로 내려간다. 그리고 1833년 가족들을 중심으로 함부르크 도시 옆 호른$^{함부르크-호른, 오늘날\ 칭호}$에 공동체 '라우에하우스$^{Rauhe\ Haus}$'[22]를 세운다.

---

20) U. Kleinert, Mit Passion und Profession S.9
21) Ebd. S.15
22) 라우엔 하우스 집(Vorsteher des Rauhen Hauses)의 책임자인 샤틀러(Dr. Dietrich Sattler)의 의견에 의하면 '라우에'는 특별한 의미가 있는 단어가 아니라 그 당시 비헤른에게 땅을 판 사람의 이름이든지 그 당시 거리 이름인 것 같다고 하여 그 이름을 그대로 보전하고자 하는 의미에서 라우엔 하우스라고 칭하였다고 한다.

라우에하우스에 살았던 고아들

비헤른이 1833년 함부르크 도시 옆 호른에
공동체 라우에하우스를 세운다. 여기서 고아들을 돌보았다.

    이는 고아원으로서 다양한 선교적, 목회적 과제를 수행할 수 있게 만들었다.[23] 그는 이곳의 책임자가 되었고 그곳에서 고아와 외로운 청소년들을 돕는 일을 하였다. 후에는 인쇄소까지 만들어 신문도 발간하게 된다. 그리고 이들을 돌보는 디아콘[24]을 세운다. 여기에서 남성 섬김 전문직이 시작된다. 이어서 1836년 '테오도아프리드너'T. Fliender'와 그의 부인인 '프리데리케'Friederike'가 카이저스베르트에서 여성전문 섬김직 Diakonisse, Diakonin[25]을 세운다.

    그는 1837년부터 많은 여행을 통하여 자기와 비슷한 견해를 갖은 사람들과 의견을 교환하며 경험과 지식을 모을 수 있었다.[26] 또한 라우에하우스에 인쇄소를 만들어 이런 자료를 많은 사람들에게 알릴 수 있었다. 이때 지역의 왕이나 교수들의 도움이 많았다. 이것을 토대로 '내부선교' 프로그램의 토대가 만들어졌다.[27] 1836~1837년 비헤른은 내부선교에 대한 개념을 생각했다. 내부선교란 용어를 만들기 전에는

---

23) 비헤른이 주일학교 교사를 할 때 가정을 방문해 보면 아이들 부모는 알코올 중독에 빠져 있고, 아이들은 교회에 와서 교육을 참여하지만 억지로 참여하며 가정환경 또한 열악하여 어린 학생들을 어떻게 잘 신앙교육을 할 것인지 고민하며 그는 이미 그 당시에 아이들에게 구원의 집(Rettungs Haus)이 될 만한 여러 가지 개념을 생각하였다.
24) 사도행전 6장 1~7절(성서 말씀을 근거로 함). 처음 디아콘은 기독교인으로서 일반 직업을 갖은 다양한 사람들(목수, 요리사, 미장이, 가구 만드는 사람 등)을 불러서 이들에게 3년 동안 교육하여 일을 하게 하였다. 후에 이들이 독일 전역에 흩어져서 일을 한다.
25) 롬16:1, 딤전 3:11
26) M. Gerhardt, Johann Hinrich Wichern. Ein Lebensbild. Band 1. Hamburg 1927, S.303
27) Ebd., S.265

'국가 안에 선교'라는 단어를 생각하고 있었다. 하지만 내부선교란 단어가 더 좋았다. 물론 '외부선교'란 단어와 내부선교란 단어가 상반될 수도 있지만 비헤른은 항상 내부선교에 대하여 관심이 오랫동안 있었다. 외부선교보다 내부선교는 기독교인들이 자기가 사는 지역을 살려야 한다는 것이다. 그렇다고 디아코니아 운동이 해외 선교를 하지 말자는 것이 아니다. 독일 디아코니아 사역을 보면 해외에 많은 일을 하는 것을 본다. 예를 들면 제 3세계의 사람들을 섬기고자 '세계를 위한 빵$^{Brot\ fuer\ die\ Welt}$', 구동구권의 교회들을 위한 기부금 모금운동인 '개신교 파트너 도움$^{Evangelische\ Partnerhilfe}$'과 '동구권을 위한 희망$^{Hoffnung\ fuer\ Osteuropa}$' 등이 있다.

처음에 비헤른의 '내부선교' 프로그램에 대하여 많은 반대를 받았다. 프로그램에 반대한 사람들은 종교청의 대표들, 루터교 사람들, 목회자 그리고 신학자들이다. 그들은 전통적인 종교 청을 중심으로 하는 중심개념을 믿고 있었다. 하지만 '내부선교'는 긴급구호에 대한 허락을 임의로 할 수 있다고 생각하였다.[28] 그 당시 교회와 사회가 황폐한 상태였다. 어린 아이들의 노동과 장시간, 즉 하루 16시간 노동뿐 아니라 참혹한 주거환경, 부족한 의료시설, 노인들의 문제와 굶주림과 곤경 등 이러한 불안정한 삶의 양태는 도처에 널려 있었다. 그러나 신학자들은 누군가 이 일을 해야 한다고 주장하게 되며 비헤른은 이 일을 시작하게 되었다.

이러한 상황에서 1848년 9월 22일 독일에서 매 4년마다 열리는 교회의 날$^{Kirchen\ Tag}$이 비텐베르그^{Wittenberg}에서 열리게 된다. 비텐베르그에서는 5백여 명의 남자들이 모여서 의논을 하였다. 의논한 이유는 국가와 교회가 분리될 것이라는 생각을 하였기 때문이다. 그때 루터가 종교개혁을 외칠 때 95개 조항을 내걸었던 성 부속교회$^{Schloss\ Kirche}$에서 비헤른은 연설을 한다. 그의 연설은 급속도로 깊은 영향력을 가져왔다. 종교개혁의 중심사상인 만인사제설을 회복시키려는 독일 디아코니아 운동은 150여 년 전 산업혁명의 결과로 생긴 수많은 사회문제에 그동안 아무것도 하지 못한 교회에 대항한 개혁운동이자 각성운동이었다. 처음 이 운동은 평신도들에 의해, 그동안 교회에 환멸을 느낀 이들을 통해 주도되었다. 이들은 사회문제를 전적으로 교회가 책임져야 한다고 말하였다. 이를 위해 교회는 밖을 위한 선교가 아니라 교회 안에 있

D.F. Mahling, Die Innere Mission, Guetersloh, 1937, S.123

는 이들의 각성을 요구하게 된다.

'교회의 날' 모임 이후 바로 '내적 선교를 위한 중앙위원회'가 구성되었다. 비헤른은 그때 조직된 모임 후 1848년에 내부선교회를 출생시켰다.[29] 이처럼 1848년은 개혁의 해였다. 이 개혁은 3월에 독일에서 프랑스까지 확대되었고 여러 가지 이유와 요구로 통과되었다.[30] 이 개혁에 처음에는 공산주의자들도 같이 참여했다.[31] 나름대로 목적을 갖고 모였지만 대체로 사람들은 국민 통합에 대한 열망을 갖고 있었다. 개혁으로 말미암아 국가 연방 회의체가 생겼다. 하지만 그 모임은 결국 1849년 4월에 무너졌다.

비헤른은 1856년에 그의 책자를 통하여 디아코니아에 대한 개념을 구체적으로 소개한다. 디아코니아는 기독교적인 구제복지를 위한 것이다. 비헤른에 따르면 개인, 교회 그리고 국가라는 세 가지 형태로 디아코니아 틀을 제공했다. 곧 개인적 디아코니아, 교회의 디아코니아 그리고 사회의 디아코니아를 구분하였다는 것이다. 이것들이 서로 유기적 관계를 갖는다. 교회는 디아코니아아가 핵심이라고 말한다. 예수님의 무한한 사랑과 헌신이 디아코니아의 출발점과 근본이다. 초대 교회에 있어서 떡을 떼는 사건은 가난한 자와 주인이 서로 함께하며 구제하는 상징적인 면으로서 나온다. 내적선교중앙위원회는 디아코니아를 구체화하기 위하여 비스마르크 정권의 사회법 제정에 깊이 관여한다. 그 결과 1883년 의료보험, 1884년 산재보험, 1889년 근무장애보험과 노후연금보험이 제정된다. 그리고 1차 세계 대전이 발발한 1914년까지 이 내부선교회가 독일에서 가장 큰 신앙인 봉사단체로 성장한다.

1929년 세계경제 위기는 독일에도 찾아온다. 또한 1933년 국가 사회주의에 의한 제3제국 시기는 디아코니아의 암흑기가 된다. 이러한 제3제국의 국가 사회주의 폭압 아래에 독일 교회는 다시금 교회가 무엇인가에 대한 질문을 하게 된다. 특히 고백

디아코니아 로고 –
Diakonisches Werk der
Evangelischen Kirche in
Deutschland

---

29) J.H. Wichern, Die Innere Mission der deutschen evangelischen Kirche. Eine Denkschrift an die deutsche Nation. (1839) In: Meinhold (Hg.), Wichern, SW, Berlin und Hamburg 1962,S.314
30) M. Greschat, Das Zeitalter der industriellen Revolution. Das Christentum vor der Moderne, Stuttgart, Berlin, Koeln, Mainz 1980 (Christentum und Gesellschaft) S.123
31) M. Greschat, Das Zeitalter der industriellen Revolution. Das Christentum vor der Moderne, a.a.O., S.123

교회를 통해 저항운동을 하였던 이들을 중심으로 전쟁 이후의 새로운 교회에 대한 구상을 한다. 그리고 종전 이후 고백교회운동의 운동가들 중심으로 트레사에서 '개신교 원조국$^{Evangelisches\ Hilfswerk}$'을 세운다. 이들은 전쟁 복구의 전면에 나와 신속하게 해결한다. 이들의 모토는 '행동 속의 교회$^{Kirche\ in\ Aktion}$'로 이해하였다. 이어 1948년 독일교회총연합회^{EKD}가 결성된다. 교회법 정관에 '디아코니아는 교회의 본질이자 삶의 표현'이라는 조항을 명시화한다. 이후 1957년 내부선교회와 개신교 원조국은 하나의 기관으로 융합하여 일하다가 1975년 오늘의 '디아코니아사업단$^{Diakonisches\ Werk\ der\ Evangelischen\ Kirche\ in\ Deutschland}$'으로 합쳐진다. 독일의 사회복지단체는 1848년 개신교의 디아코니아, 1897년 가톨릭의 카리타스, 1919년 유대인복지센터, 1921년 독일적십자, 1924년 노동자복지조합, 독일평등복지사업협회가 설립된다. 이 모든 단체는 1924년 '독일자율복지기관연맹$^{Federal\ Association\ of\ Free\ Charitable\ Organsations}$'이라는 기구에 속한다.

(3) 디아코니아의 성장

이제는 독일의 디아코니아 사업법을 소개하고자 하는데, 독일은 주마다 각기 다른 규칙을 갖고 있다. 이에 필자가 헤센 주에서 살았었기에 '헤센 및 나사우 지역의 디아코니아 사업법'을 중심으로 소개하고자 한다. 독일은 어느 도시든지 디아코니아 사업$^{Diakonisches\ Werk}$을 쉽게 볼 수 있으며, 이곳에서는 아래와 같은 어려움을 당한 이들을 위한 사역을 돕고 있다.

+ 디아코니아 사역 :
* 병자구호
* 장애자
* 노약자
* 망명자
* 집이 없는 자
* 출소자

* 유아, 청소년 상담
* 임산부와 홀어머니
* 알코올 중독자
* 실직자 상담 및 직장알선
* 병원
* 양로원
* 청소년 보호소

+ 운영 :

이 기관은 전문요원과 자원봉사자가 일을 하며 직원들 가운데에는 신학 교육을 받은 이들이 많이 있다. 또한 이들은 계속해서 전문 교육을 받고 있다. 운영은 교회세금, 교회헌금, 국가보조, 개인보조 및 부속기관의 수입 등으로 충당한다.

+ 협력 사역:

디아코니아 사업법에는 지역 교회들이 디아코니아 기관에서 하고 있는 사역들을 나누어서 협력하도록 권장을 한다. 예를 들면, 헤센 주 안의 비스바덴 시에는 토마스교회Thomas Kirche가 있는데 그 교회는 장애아동을 위한 세례교육을 주로 맡아서 하고 캠프 활동도 한다.

2004년 5월 2일
토마스교회Thomas Kirche에서
장애인과 비장애인의 입교식 후

지역마다 교회들이 연합하여 '교회공동체 안에서의 디아코니아' 사역을 감당하도록 권장하고, 교회간의 협력을 도와주는 것이 바로 이들의 역할 중 하나이다. '교회공동체 안에서의 디아코니아' 즉, 이 말은 교회가 이웃을 섬기는 내용이다. 처음에는 교회공동체 안에서 섬기는 사역이 시작되지만 점점 밖으로 나간다. 한 교회가 모든 사역을 하는 경우는 없지만 주로 그들이 맡아서 하는 협력 사역은 디아코니아 사업Diakonisches Werk에서 하는 모든 일이 된다.

+ 교회 안에서의 사역 :
* 병든 자, 약자와 시달리는 사람들에 대한 봉사
* 아이들, 청소년 그리고 노인들에 대한 그리고 특수한 단체
* 가난한 아이들 점심을 위한 자원봉사자
* 장애인공동체
* 교회들끼리 연합 운동을 돕고 고통받는 사람들을 위한 도움
* 디아코니아 사업$^{Diakonisches\ Werk}$ 직원들로부터 도움을 요청하는 이들
* 디아코니아의 일을 공개적으로 소개
* 헤센과 나사우의 교회 회의에서 디아코니아를 위하여 모아진 결정들
* 교회공동체 밖의 연합^{예를 들면, 디아코니아 관련 기관, 보육원, 양로원 등}

새로운 교회법 시스템이 1989년도의 '헤센 나사우'에 들어왔다. 그것은 디아코니아의 틀이라고 불려졌다. 그것은 "서로 공동체의 구성원으로서 봉사하고, 지역 사회의 봉사자로서 어려움이 있는 사람들에게 예수님의 사명을 전한다"[32]이다. 이에 지역 교회는 디아코니아 정신으로 교회 공동체 구성원을 서로 섬기면서 또한 시민들의 삶을 도와주는 일을 해야 한다.

디아코니아 사업$^{Diakonisches\ Werk}$과 교회 안에서 하는 일의 차이점은 그동안 디아코니아 실천에는 동일하였지만 종교 예배의식에서 다른 점이 있었다. 일반적으로 디아코니아 사업$^{Diakonisches\ Werk}$은 섬김 사역을 실시하지만 신앙적인 면에는 부족하였다. 그러나 이 법이 만들어지면서 새로운 모습으로 등장한다. 교회 안에서 디아코니아 실천은 말씀과 성례를 통하여 이루어진다. 왜냐하면 예배는 한편으로는 영원한 사랑의 경험을 확인해 주고, 또 다른 것은 그 사람의 현실에 대한 정보를 제공하는 것이다. 디아코니아 영역이 없으면 예배에 사람이 없고 예배에 섬김의 영역이 없으면 디아코니아는 멈춘다. 이러한 디아코니아는 설교 안에서 성찬식 안에서, 기도 안에서, 헌금 안에서 그리고 예전적인 형태 안에서 표현되어야 한다.

1989년에 만든 '디아코니아 틀'은 교회공동체 디아코니아의 방법론적 접근이

---

32) Thierfelder, Kurzbericht zur Situation der Diakonie in der Bundesrepublik Deutschland, Bestandsaufnahme und theologische Anfragen, (Veroeffentlichung des Diakonischen Werks der EKD) Stuttgart 1986, S.11

다. 교회 공동체 디아코니아 수준을 위해서는 지역 사회의 사회적 현실을 잘 분석할 필요가 있다. 이 분석을 통해 나이, 가족 및 공동체의 직업구조를 확인해야 한다. 이러한 분석을 위하여, 이 계획을 만들기 위해서는 전문가$^{사회복지사, 디아코니아 전문가}$들을 활용해야 한다. 그 다음 단계를 위해서는 정확한 설문을 권한다. 정확한 설문은 필요를 발견하고, 이러한 결과를 바탕으로, 가장 큰 위기의 가능성을 주고, 교회 공동체 디아코니아의 영역을 알린다.[33] 일하는 사람은 전문 인력과 자원봉자자로 구분한다.

구호제공의 인력은 중요한 인력이다. 뿐만 아니라 자원봉사자들과 봉사단체들도 중요하다. 자원봉사자들은 실질적인 설교를 통해 또는 실질적인 도움의 제안으로 섬김을 행한다. 자원봉사자들에게 너무 많은 요구가 발생하지 않기를 바라며 항상 자원봉사자들과 인간적, 영적으로 이루어진 전문 인력이 함께해야 한다. 봉사 단체는 다양한 목적과 다양한 나이에 따라서 구조가 변한다. 이것을 끌고 가는 형태는 중요한 것이 스스로 일을 하거나 다른 이의 도움을 받을 것인지의 여부를 결정하는 것이다. 또한 교회공동체는 전문적인 상담과 인도를 필요로 한다. 이런 법의 변화는 그동안 독일 사회에서 기독교 정신으로 디아코니아 사업$^{Diakonisches\ Werk}$이 탄생하였지만 시간과 함께 비신앙적으로 흘러오게 되었는데 이에 대한 중요한 의식의 전환점이 되었다.

---

33) Ebd.,S.15

3. 장애인과 디아코니아

장애인을 위한 디아코니아 사역을 이야기하자면 먼저 질문되는 것이 있다. 아동인지 성인인지, 어떤 장애 종류인지 시각, 청각, 중증 장애 등이 있는지에 대한 파악이 중요하다. 그리고 어떤 사역을 말하는 것인지 장애인 시설, 장애인 재활, 교육 등 다양한 질문들이 나올 수 있다. 필자는 이번 장에서 장애아동을 위한 디아코니아를 소개하고자 한다. 그래서 먼저 장애에 대한 성경적 개념을 찾아보고자 한다. 이는 한국 사회에서 장애에 대한 부정적 인식이 강하여 성경적인 해석이 필요하다. 또한 장애인 역시 하나님의 형상으로 태어났음을 설명하기 위하여 하나님의 형상이 무엇인지 신학적인 대답을 찾고자 한다. 끝으로 디아코니아의 여러 사역 중 아동을 위한 디아코니아를 중점적으로 소개하고자 한다. 이에 성경에서 아동에 대하여 어떻게 말하고 있는지에 대한 것은 아동 디아코니아에 있어서 매우 중요한 개념이 된다.

1. 성경에서의 장애

장애인의 부정적 인식의 변화를 위한 접근 방법에 있어서 일반적인 사회봉사와 디아코니아의 가장 큰 차이점은 성경이다. 어떻게 성경에서 장애인에 대한 인간 이해를 하고 있는지가 디아코니아의 큰 차이점이다. 여기에 대하여 서로 다른 견해를 소개하고자 한다. 피터징어$^{Peter\ Singer}$의 '실리주의 윤리$^{Praktische\ Ethik}$'는 벤담^{Bentham}과 밀^{Mill}에 의해 설립되었다. 이런 실리주의 윤리학의 목적은 가능한 많은 사람들이 행복을 얻기 위하여 소수의 사람들의 고난은 감수해야

한다는 것이다.[34]

이런 이론적인 근거로 피터징어는 인간에 대하여 세 가지 단계로 구분하였다. 가장 높은 단계는 스스로 의식적인 삶을 살아가는 사람을 말한다. 두 번째의 단계는 의식은 있지만 단지 기쁨이나 고통을 체험하며 경험을 통해서 느끼는데도 이성적으로만 살아가는 사람을 가리킨다. 끝으로, 가장 낮은 단계는 자기 스스로 가치관도 없고 의식도 이성도 갖지 않고 살아가는 사람을 말한다. 이런 사람을 피터징어는 원숭이로 비유하며 원숭이만도 못한 사람이라고 평가하였다. 원숭이를 죽이는 것이 한 정신지체 인간을 죽이는 것보다 어렵다는 이야기를 하였다.[35] 쉽게 말한다면, 인간을 몇 가지 기준으로 구분하여 그 기준에 미치지 못하면 차라리 죽이는 것이 낫다고 말한 것이다. 이에 대하여 하이델베르그 대학의 디아코니아 연구소에서 사역하는 스트롬Th. Strohms 교수의 의견에 의하면 하나님의 형상으로 태어난 인간을 원숭이로 비교한다는 것 자체가 모순이라고 말한다. 스트롬 교수는 독일의 나찌Nazis 시대에 장애인을 저능한 인간으로 구분하고 그들을 죽이는 사건을 보면서 피터징어의 이론과 다를 바 없다고 비평하였다.[36] 전쟁 이후 독일은 부끄러움을 고백하는 의미에서, 반성하는 차원에서 많은 단체와 개인들이 장애인을 위한 기금 마련과 조직을 하기 시작하였다.

이런 점에서 인간 이해를 어떻게 하는지는 매우 중요하다. 필자는 성경을 통하여 인간 이해를 하고자 한다. 성경에서 모든 인간은 하나님의 형상으로 태

Grosshennersdorf 마을의 233명의 장애인을 1940년부터 1943년까지 나치가 죽인 사실을 추모하고 있다.

---

34) Hans-Joachim Stoerig, Kleine Weltgeschichte der Philosophie, Stuttgart 1952, S.410
35) Theodor Strohm, Sanctity or quality of life? Zum Stand der Wissenschaftsethischen Debatte, in: Zeitschrift fuer Theologiesche Urteilungsbildung 1991, S. 33
36) Bindung, K und Hoche, A , Die Freigabe der Vernichtung lebensunwerten Lebens, Leipzig 1920, S. 57

어났다고 전한다.[37] 물론 장애인 역시 하나님의 형상으로 창조된 인간이다. 어떤 사람들은 "장애인은 하나님이 실수로 만들었는가?"라고 이야기한다. 하나님은 실수가 없으신 분이다. 그런데 인간의 욕심으로 하나님이 주신 이 아름다운 세상을 파괴함으로써 질병과 고통 그리고 장애가 발생하게 된다. 물론 이런 이유 말고도 하나님의 계획 속에서 여러 가지 이유로 주신 장애도 있다. 그런데 여기서 중요한 것은 죄로 말미암아 장애인이든 비장애인이든 에덴동산에서 쫓겨나게 된다. 에덴은 기쁨이란 뜻이 있는데 기쁨을 상실한 것이다.

죄로 인하여 에덴에서 쫓겨난 인류의 조상 아담과 하와는 수치를 느꼈다. 본회퍼Bonhoeffers는 이 부분을 분명하게 이야기한다. 인간이 죄로 인하여 하나님과 멀어진 것, 이것이 수치라고 말하였다.[38] 그런데 사람들은 어떠한가? 특히 한국 사람들은 체면을 중요시 여기며 수치를 남과의 비교에서 많이 생각한다. 이는 전통 종교의 영향으로 가문을 부끄럽게 하는 것을 매우 큰 수치로 생각하였다. 이런 점으로 장애에 대하여 남과의 비교에 의해서 가문을 부끄럽게 여기는 일로 수치스럽게 생각하는 것이다. 결국 장애에 대한 한국인의 인식 속에 부정적인 생각이 만들어지게 된다. 다시 한번 우리가 생각해야 함은 장애는 수치가 아니라는 것이다. 장애는 인간 누구에게나 발생 할 수 있는 일이다. 장애를 통하여 인간의 약함을 발견하게 되고 하나님을 더욱 찾게 될 수도 있고 하나님의 영광을 나타낼 수도 있다. 이런 관점으로 바라볼 때 부정적인 인식의 변화가 일어날 수 있다. 계속해서 구약과 신약에서 살펴보고자 한다.

(1) 구약에서의 장애

장애에 대하여 구약성경에는 두 가지 관점이 나온다. 하나는 부정적인 장애인관이고 또 다른 하나는 긍정적인 장애인관이다. 부정적인 면으로는 차별의 대상, 혹은 죄의 대가나 그 결과로서 나타나는 장애인이며 긍정적인 면으로는 보호의 대상, 하나님의 섭리의 결과로서의 장애인 등으로 나타난다. 먼저 장애를 부정적인 면으로 보면, 직업에 대한 차별적인 면이 있다례 21:17~23. 장애인은 혈통적으로 제사장의 가문에 속한다고 하더라도 제사장이 될 수 없었던 것이다. 그러나 제사장 몫으로 돌아가는 예물

---
37) 인간이 하나님의 형상으로 창조되었다는 것은 구체적으로 구약에 3번 나온다(창1:26-27; 창5:1-2; 창9:6).
38) Dietrich Bonhoeffer, Ethik, Hg. Eberhard Bethge, Chr. Kaiser Verlag, Muenchen 1981, S. 22

은 먹을 수 있다고 했다. 또한 죄의 대가로 장애인이 된다고 생각하였다.

　　예를 들면, 소돔성의 사람들이 하나님의 천사를 모독했을 때 그들의 눈이 어둡게 된 사건^{창 19:11} 등에 나타나고 있다. 모세의 누이 미리암은 모세의 권위에 도전한 대가를 치르고^{민 12:1~10}, 여호와가 삼손에게 떠나자 삼손은 장애를 갖는다. 게하시는 엘리사의 명령을 듣지 않고 재물을 가로채려다 나병 환자가 되었다^{왕하 5:27}. 또한 웃시야 왕도 제사법을 어김으로 인하여 나병에 걸리게 된다^{대하 26:16}. 끝으로, 욥이 하루아침에 모든 자식과 재산과 건강을 다 잃었을 때 그를 위로하러 찾아온 세 친구가 한결같이 욥이 겪는 고난을 보면서 '죄'의 문제로 해석하고 있는 것도 이런 시대의 해석일 것이다. 이런 점 때문에 구약 시대에는 장애인들을 격리와 멸시의 대상으로 보았다.

　　이와는 반대로 장애인에 대한 긍정적인 면이 있다. "장애인을 낸 사람이 누구인가? 누가 사람의 입을 지었느뇨? 누가 벙어리나 귀머거리나 눈 밝은 자나 소경이 되게 하였느뇨? 나 여호와가 아니뇨?"란 기록을 통하여 인간을 만든 여호와 하나님이라고 스스로 밝힌다^{출 4:11}. 또한 장애인을 보호의 대상으로 보았다. 법률적으로 장애인의 보호에 관한 기록은 "너는 귀먹은 자를 저주하지 말며 소경 앞에 장애물을 놓지 말고 네 하나님을 경외하라. 나는 여호와니라"^{레 19:14}. "소경으로 길을 잃게 하는 자는 저주를 받을 것이라 할 것이요 모든 백성은 아멘 할지니라"^{신 27:18}에 나타난다. 따라서 하나님은 구약에서 장애인에 대한 언급이 많지 않지만 장애를 가진 사람일수록 악으로부터 더 보호를 받아야 한다는, 그들에 대한 사랑을 갖고 계심을 알 수 있다. 다윗 왕의 친구 요나단의 아들인 므비보셋이라는 인물도 장애인인데, 다윗 왕은 친구 요나단과의 우정과 사랑을 생각하여 지체장애를 입은 그의 아들 므비보셋을 왕자 중 하나처럼 왕의 식탁에서 먹게 하고 그의 필요한 것을 제공해 주는 등 왕손의 예우를 해 주었다^{삼하 4:4}.

　　이처럼 구약에서는 하나님의 다양한 모습을 보여 주고 있다. 그것은 '약자 보호법'에 나온다. 이것은 사회적·경제적으로 약한 사람들을 보호하기 위한 여러 가지 제도적인 장치를 말하는데, 단순히 인도주의에 근거해 있는 것이 아니라 근본적으로 이스라엘의 하나님이 어떤 분이시냐 하는 문제와 직결되어 있다. 세상을 창조하신 창조주 하나님, 구원의 하나님, 진노하시는 심판의 하나님, 따라서 '하나님의 백성'으로 택함받은 이스라엘의 공동체는 사회적으로 약하고 가난한 사람들을 돌보아 주고 보호해 주어야 한다. 하나님이 사랑하는 대상을 하나님의 백성 된 사람들이 미워하고 학대해서는 안 되는 것이다. 하나님은 인간을 차별하시는 분이 아니라 창조주의 기쁘신 뜻에 의해 장애인을 존재케 한다는 것을 밝히고 있다.

(2) 신약에서의 장애

예수님은 부정적인 장애인관을 긍정적으로 바꾸셨다. 예수님은 나면서 시각장애를 가진 사람을 만나셨을 때 "그 누구의 죄 때문에 그 사람이 장애인이 되었는가"라고 묻는 일반인들의 생각을 옳다고 보지 않으시고 "하나님이 하시는 일을 그에게서 드러나게 하시려"는 것 때문이라고 [요 9:3] 말씀하심으로써 장애와 장애인을 전혀 다른 관점에서 볼 수 있음을 가르쳐 주셨다. 뿐만 아니라 이 시각장애를 가진 사람을 고쳐 주신 다음 그 사실을 두고 시비를 거는 사람들을 향하여 눈 뜨고 보면서도 깨닫지 못하는 사람은 깨달은 시각장애를 가진 사람보다 더 못하다고 말씀하신다[39~42절]. 이런 식으로 예수님은 장애를 아주 새로운 시각에서 보신 것이다. 육체적 장애보다 병든 마음을 장애로 말씀하셨다. 성경에는 여러 종류의 장애인들이 등장하고 있다. 문자적으로 실제 장애를 가진 사람과, 또 하나는 비유적·상징적 표현인 하나님의 말씀대로 살지 않는 사람을 나타내는 영적 장애인이 바로 그것이다.

이런 흐름에서 사도바울은 고린도후서 12장 7~9절에서 자기에게 있는 장애를 오히려 하나님의 은혜를 입는 계기로 보았다. 그리고 누가복음 19장에 나오는 삭개오는 키가 작은 사람이었다고 한다. 이 경우 키가 작다는 사실이 우선은 그가 예수님께 나아가는 것을 막는 장애로 작용하였다. 그렇지만 바로 그 때문에 그가 뽕나무로 올라갔기에 예수님의 특별한 관심을 끌고 예수님을 모시고 말씀을 들어 새 사람이 되는 놀라운 영광을 누리게 된 것이다. 또한 마가복음 2장에 보면 홀로 움직일 수 없는 중풍병자를 그 친구들이 들것에 싣고 가서 예수님이 말씀하시는 집 지붕을 뜯고 달아 내려서 그 환자가 낫게 되는 이야기가 나온다. 이 사건은 요한복음 5장에서 베데스다

못가에 모인 숱한 병자들이 각자 자기 먼저 물속에 들어가 낫고자 하는 모습과는 아주 다른 상황을 보여 준다. 그런데 모두들 자신이 먼저 나아보려고 못의 물이 움직여 그리로 달려갈 때 남들처럼 움직일 수가 없어서 홀로 내버려진 서른여덟 해 동안이나 앓던 사람을 예수님이 찾아가셔서 낫게 해 주셨다. 이런 보기들은 결국 심각한 장애로 사회에서 소외되는 사람들을 하나님이 우선적으로 돌보심을 알려주고 그 하나님을 섬기는 사람들도 그리하여야 함을 깨우쳐 준다. 이상과 같이 신약 시대에서의 장애인관은 장애인을 대체로 긍정적으로 보았고 하나님의 영광을 위한 존재로, 복음을 증거 할 대상이라는, 참 인간의 회복이라는 의미로 받아들이고 있다.

끝으로 신·구약 성경에는 하나님의 장애인에 대한 태도와 성경 전체의 정신이 복음서의 예수 그리스도의 사역 속에서 함축적으로 잘 나타나고 있다. 장애는 하나님이 실수로 만든 것이 아니다. 예수님은 소외받는 자들, 특히 장애인들에 대한 깊은 관심과 사랑을 보여 주셨으며, 그들을 복음에로 초대하고, 그들의 겉모습을 보지 않으시고 하나님의 형상을 지닌 한 인간으로서 보셨다. 그들의 인격적 권리와 함께 구원받고 하나님나라의 일원으로 동참하는 영적인 권리를 인정해 주셨으며, 그들을 결코 무시하거나 차별하지 않으셨다. 우리의 약함 안에 하나님의 뜻이 있다. 요즘 사회는 인간이 욕심으로 잘못된 세상을 만들어 가고 있기에 사람들이 장애를 발생시킨다. 또한 장애인들 역시 하나님이 만드셨고, 약함을 통하여 더욱 하나님께 나아가고, 약함마저 들어서 사용하시는 분이 주님이심을 고백해야 한다. 뿐만 아니라 예수님은 그들의 친구가 되어 주셨다. 이 말은 그들을 사회에서 소외시키지 않고 장애인과 비장애인이 함께 살아가는 통합적인 삶을 보여 주신 것이다. 오늘날 교회와 성도들은 장애인에 대한 하나님의 태도, 그리고 예수 그리스도께서 보여 주신 태도와 정신을 본받아야 한다. 어떻게 이들을 위하여 교회공동체가 봉사할 수 있는지 디아코니아 적인 관점으로 살펴보아야 한다.

2. 성경 속의 아동

오늘날 디아코니아는 사람에만 해당하는 것이 아니고 자연, 동물, 환경 모든 분야에 필요하다. 즉, 하나님이 관심을 갖고 계시는 모든 분야에서 예수 그리스도의 섬김의 모습으로 살아가는 것이 바로 디아코니아의 삶이다. 이런 점에 필자는 조금은 생소하지만 아동을 위한 디아코니아를 '아동 디아코니아'로 칭하였다.

디아코니아 대상 중 분명한 것은 아동이 포함되어 있다. 장애를 가진 아동뿐만 아니라 비장애아동까지 모든 아동들이 가족과 사회의 일원으로서 영적으로나 신체적으로 건강하게 성장하며 발달할 수 있도록 지역사회나 공공단체와 기관들이 아동들을 위한 복지서비스에 필요한 사업을 계획하고 실행에 옮기는 조직적인 활동이 '아동 디아코니아'이다. 아동은 심신이 미성숙한 상태에 있다. 이들은 특히 여러 성장단계를 거쳐 사회화되어 가는데 이를 위해서 장기간에 걸쳐 보호와 사회 환경에 적응할 수 있는 학습을 받아야 한다.

고대로부터 근대에 이르기까지 부모의 결손, 미숙아나 장애아동의 출산, 쌍둥이의 출산 등은 아동을 돌볼 수 없는 부모가 유아의 양육을 포기하는 유기현상으로 이어지기도 하였다. 그러나 여러 형태의 피임, 유산, 유기 등은 기독교와 같은 사회사상이나 이념의 발전으로 이러한 아동 문제의 해결방법이 부당함과 아동 생명의 가치를 인식시켜 주었다.

아이들 세계를 살펴보면 핵가족 안에서 혼자서 자라는 아동들이 점점 많아져서 사회성이 결여되어 있다. 가족이나 부모들이 일을 하기에 자녀들은 혼자서 보내는 시간이 많다. 또한 부모의 상황들이 갑작스러운 변화로 급히 이사를 갈 경우 아동들도 적응하는 데 어려움을 갖는다. 갑작스러운 변화의 요인에는 실업, 경제적 문제, 이혼, 별거 등이 있다. 경제적 불안이 생기면 자녀들에게 동일하게 불안한 마음이 찾아온다. 또한 요즘의 아동들은 놀이의 대상이나 방법 및 장소가 달라졌다. 과거 동네에서 친구를 사귀고 마을에 나가 운동을 하던 환경이 점점 사라지고 있다. 아이들의 방안에는 다양한 장난감과 놀이 자료들이 있는데 일반적으로 카세트, 레코더, 컴퓨터, 텔레비전 및 전자제품들이다. 어려서부터 자기의 시간이 없는 것이다. 과거에 아동들은 운동장이나 마을에서 뛰어놀았다면, 지금은 온갖 대중문화를 받아들여 언제나 컴퓨터와 부모의 계획표 안에서 살아가게 된다. 늘 다양한 대중매체에 붙들려 살아간다. 결국 자립심이 없게 된다.

　　아동 디아코니아는 빈곤, 질병, 환경에 적응하지 못하는 비행 아동들에게만 관심을 두는 것이 아니라 모든 아동들에게 안식처로서의 가정의 인식, 양육 가능한 계획적 출산의 경향, 아동 인권의 법적인 보장, 아동 전문 분야에 대한 중요성 인식 등을 이야기할 수 있다. 아동 디아코니아의 기본이 되는 요소들로 우리는 안정된 가정생활, 경제적 안정, 보건과 의료보호, 교육, 종교, 오락, 노동, 특수교육 등을 이야기할 수 있다. 특히 장애아동을 위하여 아동상담, 치료시설, 교육시설이 갖추어진 조기교육이 가능한 장애와 비장애아동의 통합유치원 등의 서비스가 필요하다. 왜냐하면 장애아동은 어릴 때부터 건강한 성장과 발달이 매우 중요하기 때문이다. 이런 일들을 위하여 아동 디아코니아는 중요하다. 지금부터는 성경에서 말하는 아동 디아코니아를 살펴보도록 하자.

(1) 구약에서의 아동

레위기 19장 18절에는 가난한 자, 고아, 과부, 타국인뿐만 아니라 이웃 사랑하기를 네 몸과 같이 하라고 말씀하시면서 고아를 섬길 것을 교훈한다. 신명기에는 이런 교훈이 있다. "매 삼 년 끝에 그해 소산의 십분 일을 다 내어 네 성읍에 저축하여 너희 중에 분깃이나 기업이 없는 레위인과 네 성 중에 우거하는 객과 및 고아와 과부들로 와서 먹어 배부르게 하라 그리하면 네 하나님 여호와께서 너의 손으로 하는 범사에 네게 복을 주시리라"신 14:28~29. 이사야는 가난한 자를 돌보시는 하나님을 묘사하였다. "선행을 배우며 공의를 구하며 학대받은 자를 도와주며 고아를 위하여 신원하며 과부를 위하여 변호하라 하셨느니라"사 1:17. 또한 지혜서에는 소외계층을 이해하고 사회정의 구현을 강조하고 있다. 잠언에는 "마땅히 행할 길을 아이에게 가르치라 그리하면 늙어도 그것을 떠나지 않으리라"잠 22:6, "아이의 마음에는 미련한 것이 얽혔으나 징계

하는 채찍이 이를 멀리 쫓아내리라"^{잠 22:15}. 이 외에도 잠언 23장 13~14절, 잠언 29장 15~17절에 나온다. 이와 같이 구약의 중심사상에는 모두 아동복지 차원에서 신앙의 책임을 인식하게 하고 복지국가를 만들라는 하나님의 마음이 담겨 있다.

(2) 신약에서의 아동

예수님은 아이들이 오는 것을 금하지 못하게 하시면서 늘 아동을 하나님 나라의 주인공으로 설명한다. 예수는 아이들을 그의 팔로 안으시고 축복하셨다. 요즘의 신학은 아이들이 생각하는 것처럼 생각해야 한다. "아이처럼 생각하지 못하면 하늘나라에 못 간다"^{막 10:15}. "제자 중에서 누가 크냐 하는 변론이 일어나니 예수께서 그 마음에 변론하는 것을 아시고 어린아이 하나를 데려다가 자기 곁에 세우시고 그들에게 이르시되 누구든지 내 이름으로 이런 어린아이를 영접하면 곧 나를 영접함이요 또 누구든지 나를 영접하면 곧 나를 보내신 이를 영접함이라 너희 모든 사람 중에 가장 작은 그가 큰 자니라"^{눅 9:46~48}. 아동에 대한 양육의 필요성을 예수님이 보여 주셨다. "만일 어떤 과부에게 자녀나 손자들이 있거든 그들로 먼저 자기 집에서 효를 행하여 부모에게 보답하기를 배우게 하라 이것이 하나님 앞에 받으실 만한 것이니라"^{딤 5:4}. 아동에 관계된 이런 말씀들은 예수님의 말씀에 직접 관련된 것이다. 그 당시 사회는 아동에 대한 권리가 매우 약하였다. 아동들은 언제나 천대받은 존재였다. 그런데 예수님은 아동들에 대한 참다운 사랑과 권리를 회복시켜 주었다.

이처럼 성경에는 아동이 교육의 대상과 훈계의 대상, 그리고 긍휼의 대상으로 나온다. 예수님은 아동에 대한 관심이 크셨고, 아동에 대하여 높이 평가를 하였다. 하나님 나라를 가르칠 때에 예수님은 아동을 모델로 삼으셨다. 그 당시 인간적인 대접을 받지 못하던 아동을 향하여 가치와 이해에 대한 새로운 평가를 한 것이다. 아동을 그 자신의 존재의 목적으로 보았다는 것이다. 점점 결손가정이 증가하고 핵가족으로 인한 문제점들 그리고 경제적 부양 문제 그리고 세상에 쉽게 노출되어 버릴 수 있는 환경의 문제를 극복할 수 있는 길은 성경에서 보여 준 아동에 대한 관심을 다시 한 번 새롭게 해야 한다. 특히 장애아동은 이보다 더 큰 어려움이 있다. 이러한 문제를 위하여 교회가 나서야 한다.

독일에 등장한 경건주의 운동에 대표적인 아우구스트 헤어만 프랑케는 그의 스승 스페너의 경건주의 이론을 실제 생활 현장에서 구체화 하는 일에 힘쓰는데, 그는 아동에 대한 관심을 가진다. 한마디로 그는 아동 디아코니아 운동가로서 대표적이다. 그는 할레에 고아원을 설립한다. 이는 독일 디아코니아 역사의 분기점을 이루는 새로운 형태의 디아코니아 운동이다. 그 시대의 어려움으로 많은 아동들이 한 주에 한 번 후원금을 받기 위해 목사관으로 왔는데, 이 과정에서 프랑케는 아동들의 무지에 대해 알게 된다. 프랑케는 먼저 가난한 가정의 아동들에게 학비를 조달해 주었고 학교를 세운다. 그러나 실패로 끝나게 된다. 이와는 반대로 고아들과 방치된 아동들을 위한 기숙사는 반응이 좋았는데 그 안에서 학교가 연결이 되고 교육시설 구조가 생겨나게 되었다. 특히 이들을 교육하는 교사가 필요하여 대학교 학생들을 불러서 자원봉사를 시키는데 이들이 교육을 할 수 있도록 하기 위한 교육이 오늘날 사범대학의 시작이 된다. 프랑케의 교육철학은 하나님의 뜻 안에 인간의 뜻을 세우고 '그리스도교적 예지'를 위해 교육한다는 것이었다. 그는 아동 교육을 통해 철저한 개혁으로 나가고자 하였고 독일을 벗어나 전 세계적으로 영향을 끼치게 된다. 이러한 할레의 디아코니아의 실천의 범주는 1704년까지 각 지역으로 퍼져나간다.

필자가 먼저 소개했던 디아코니아 운동의 창시자 비헤른[Johann Hinrich Wichern, 1808~1881]은 가난한 가정에서 태어났다 일찍 아버지를 잃고 어린 나이에 가족 부양을 위하여 학교를 포기하고 일을 해야 했다. 그는 하루 종일 소년기숙학교에서 보조교사로 일을 하며 저녁에 공부를 하였다. 그런데 훗날 그가 보조교사로 일을 한 것이 그의 사역에 도움이 된다. 그로 하여금 어린 시절은 가난과 교육이란 단어가 기억나는 시기였다. 그러던 중 그는 대학을 다니게 되는데 어느 날 경건주의의 대표적인 프랑케가 세운 학교를 견학가게 된다. 그런데 그 자리가 그로 하여금 큰 전환점이 되었다. 왜냐하면 1820년 그 당시 독일은 신앙적 각성운동과 더불어 산업혁명의 여파로 생겨난 심각한 사회문제들이 있었다. 대표적인 것은 어린아이들이 노동을 하고 고아가 늘어나고 가난한 이들이 늘어났다. 이러한 시대에 살던 비헤른은 라우에하우스를 만들게 된다. 그가 고아들을 모아서 세운 집이 바로 '라우에 하우스'이다. 그 말이 주는 의미처럼 '따뜻한 집'을 만들기 위해 그는 라우에하우스를 거대한 기관으로 만들지 않았

Johann Hinrich Wichern이 고아들에게 신앙교육을 위하여 강림절 달력을 만들어 매주마다 초를 하나씩 켜가면서 예수의 오심을 기억하게 하였다.

다. 그는 가정을 느끼게 하는 것이 그의 철학이었다. 비헤른이 여기에서 고아들에게 성탄절의 의미를 교육하고자 만든 것이 강림절 달력$^{Adventure\ Kalender}$을 만들고 성탄절 4주 전부터 초를 하나씩 키는 전통도 바로 비헤른이 예수님의 오심을 교육하고자 만든 것이다. 예수 그리스도의 정신을 본받아 아동 디아코니아를 위해 일한 인물들이 많이 있다.

과연 지금 한국 사회에서 어떻게 하는 것이 아동 디아코니아를 위하여 일할 것인지 고민해야 한다. 필자는 아동 디아코니아를 위하여 장애인 아동을 생각하게 되었고 이들을 위하여 교회공동체가 바른 디아코니아 운동을 전개해야 한다고 본다.

(3) 하나님의 형상

"인간이 하나님의 형상으로 태어났다"는 창세기의 말씀은 기독교적인 인간 이해에서 매우 중요하다. 그러나 이것은 여러 신학적인 논쟁을 가져왔다.[39] 성경에 인간이 하나님의 형상으로 태어났다는 것은 세 번 나오는데[40], 인간이 하나님의 형상으로 태어났다고 기록한 부분은 모두 구약의 원역사$^{primeval\ history}$에 해당하는 부분이다. 이 외에 다른 역사서, 예언서, 시편, 지혜문학 등 묵시문학에는 '하나님의 형상'에 대한 이야기가 나오지 않고 있다. 기독교에 있어서 하나님의 형상이 차지한 부분이 매우 중요한 것에 비하면 이해가 되지 않는 일이다. 뿐만 아니라 창세기에서 인간의 타락이 매우 중요하게 다루어지고 있는데 그것 역시 한 번 나온다$^{창\ 3장}$. 위에 열거한 하나님의 형상에 관한 이야기들은 모두 예루살렘 성전에서 일하는 제사장들에 의하여 보존되어 왔다는 제사장 전승에 나온다는 것이다. 물론 제사장 전승이 바벨론 포로 시대에 생겨났다고 해서 그때 만들어진 것은 아니다. 전승의 연대와 기록 연대는 다르다. 어찌되었든 하나님의 형상에 관한 이야기는 오랜 시간 동안 예루살렘 성전을 중심으로

---

39) 인간이 하나님의 형상으로 태어났다는 신학적 논쟁은 이레니우스(Irenaeus)를 비롯하여 교부신학자들의 논쟁으로 부터 시작해서 중세의 가톨릭 신학, 종교개혁자들을 거쳐서 현대신학의 칼바르트와 에밀 부르너의 유명한 접촉점(Anknuepfungspunkt)의 논쟁에 이르기까지 끊임없는 논쟁의 쟁점이 되었다.
40) 창 1:26~27, 창 5:1~2, 창 9:6
41) 창 1:11~12, 창 1:21, 창 1:25

제사장들 사이에서 전승되어 내려온 것이다.

제사장 전승에 있어서 하나님의 형상은 창조 역사의 극치로 소개하고 있다. 그 이유로 다른 창조 시에는 '그 종류대로'라고 표현하고 있다.[41] 그러나 유독 인간에게는 하나님의 형상이란 말을 사용하고 있다. 또한 다른 창조물을 창조하실 때에는 3인칭 사역형이 쓰이고 있다. 예를 들면, "빛이 있으라", "궁창이 있으라." 그런데, 인간에게는 1인칭 복수 사역형이 쓰였다. "우리가 사람을 만들고." 서로 의논하는 형식이다. 다른 피조물은 일방적인 명령인데 비하여 인간의 창조는 의논의 형태로 쓰였다. 이는 인간의 창조가 특별한 창조임을 설명해 주고 있는 것이다. 또한 창조에 사용된 동사는 '바라^{bara}'인데, 구약에 49번 정도 나온다. 창조기사가 나온 창세기 1장에는 바라 동사가 5번밖에 사용되지 않았다[창 1:1, 창 1:21]. 그런데 유독 인간의 창조 기사가 있는 창세기 1장 27절에는 세 번이나 사용된다. 결론은, 인간 창조가 특별한 하나님의 일인 것을 설명하고 있는 것이다.

인간이 하나님의 형상으로 창조되어졌다는 말이 무슨 말인가? 이에 대한 해석은 여러 가지가 있다. 구약신학자 폰 라드$^{Gerhard\ von\ Rad}$는 고대 근동 지역에서 왕이 전 마을을 다스릴 수 없을 때, 변방 지역에는 왕의 형상을 세움으로 통치권을 상징하였다고 한다. 폰 라드는 본질로서 이해한 것이 아니라 인간의 기능과 역할로서 이해하였다. 그러나 이것도 완전한 해석은 못된다. 그 이유는 고대근동에 왕의 형상을 세웠다면 이는 외형적인 면에서 왕과 유사하다는 것인데, 하나님의 형상이라 함이 우리가 하나님과 외형적으로 유사한 존재라는 의미에서는 문제점이 있다.[42]

고대 이집트의 기록에서 하나님의 형상을 이해하는 데 크게 도움을 주는 자료는 주전 14세기의 기록에서 발견한다. 이집트의 최고신인 아론-르$^{Amon-Re}$신은 바로 아메노피스 3세^{Amenophis}를 향해서 이렇게 말하고 있다.

"너는… 내가 세상에 세워준 나의 형상이다. 나는 세상을 평화롭게 통치하기 위하여 너를 세웠다."

이상의 자료를 볼 때 '신의 형상'이란 말은 곧 한 나라를 통치하는 '왕'을 지칭하는 말이다. 창세기에서 하나님의 형상이란 말은 분명하다. 인간을 왕과 같은 존재

---

42) G .von Rad, vom Menschenbild des Alten Testaments, in: DER alte und der neue Mensch(Beitraege Evanang. Theologische Abhandlungen 8)hg,v.E, Wolf, Muenchen 1942, S. 5

로 창조하셨다는 의미이다. 고대 시대에 왕은 최고의 존재이다. 창세기가 기록된 당시의 인간이야말로 가장 최고의 존재 '왕의 존재'라는 의미이다. 이런 점은 시편에서도 등장한다.

"저를^{인간} 천사보다 조금 못하게 하시고 영화와 존귀로 관을 씌우셨나이다"^{시 8:6}. 하나님의 형상으로 창조되었다는 말은, 모든 인간이 왕과 같이 고귀한 존재라는 것이다. 성인이나 아동, 장애인이나 비장애인, 부자나 가난한 자 그리고 남자나 여자 모두가 고귀한 존재이다. 사회적 지위와 빈부의 격차를 떠나 인간으로서의 기본적인 권리가 보장받아야 되고, 존엄성과 평등성을 보장받아야 되는 이유가 성경에 명확하게 나와 있다. 예수 그리스도는 인간의 불평등과 파괴된 하나님의 형상회복을 위하여 그 시대의 약자들 즉, 가난한 자, 아이들, 여자들 그리고 병든 자들의 인권회복을 위하여 일하심을 보게 된다. 특히, 장애아동 역시 하나님의 형상으로 고귀한 존재로 태어났음을 분명히 인식해야 한다.

성경에는 장애인에 대하여 하나님의 형상으로 보지 않는 자들을 가리켜 분명히 말하고 있다. "누가 사람의 입을 지었느뇨? 누가 벙어리나 귀머거리나 눈 밝은 자나 소경이 되게 하였느뇨? 나 여호와가 아니뇨?"^{출 4:11}. 장애는 하나님이 실수로 만드신 것이 아니다. 장애인 역시 하나님께서 받아들이신다. 예수님은 그들의 겉모습만을 보지 않으시고 하나님의 형상을 지닌 한 인간으로서 보았고, 그들의 인격적 권리와 함께 구원받고 하나님나라의 일원으로 동참하는 영적인 권리를 인정해 주셨으며, 그들을 결코 무시하거나 차별하지 않으셨다. 장애인들 역시 하나님이 만드셨고, 약한 것을 통하여 더욱 강하게 하듯, 약함마저 들어서 사용하시는 분이 예수 그리스도이심을 고백해야 한다.[43]

---

43) Ulrich, Bach, Getrenntes wird versoehnt, Neukirchener 1991, S. 13

4. 한국 교회의 현실

지금 한국 사회는 어떠한가?[44] 최근 들어 외국인 노동자가 점점 늘어나고, 직업을 잃은 사람들, 그리고 장애인 문제 등 교회공동체의 다양한 봉사와 섬김의 활동이 필요한 것은 분명하다. 한국 사회에도 많은 다민족 사람들이 거주하고 있다. 한국 교회가 해외 선교에만 집중할 것이 아니라 국내에 살고 있는 이들에게도 선교와 관심을 갖는다면 더욱 효과가 크리라 본다. 필자가 독일에서 유학하며 목회할 때 네 명의 러시아의 고려인들이 한인교회에 나오게 되었다. 어떤 교우가 이들을 독일로 초대한 것이다. 이들의 직업은 치과의사 그리고 화가 등 전문 직종의 사람들이었다. 이 당시 필자가 섬기던 교회가 동구권 선교에 관심을 갖고 있던 때였다. 러시아에 가지 않고도 선교할 수 있는 길이 열린 것이다. 초대한 성도와 교회는 이런 목적으로 의논을 하였고 힘을 모아 이들이 6개월간 머물 수 있는 집과 경제적인 도움을 위한 직업을 알선하고, 신앙 교육과 한국어 교육을 돕기로 하였다. 6개월간 시행한 신앙 교육과 한국어 교육은 매우 성공적이었다. 후에 그들을 초청한 성도가 러시아를 방문했을 때 그들이 좋은 신앙인으로 살아간다는 말을 들을 수 있었다.

+ 한국 사회 안에 살고 있는 수많은 다민족 사람들 그들을 위한 디아코니아 사역 :
* 외국인들에게 적대감을 주지 않고 도움을 주는 일
* 법적인 문제
* 가족 상봉
* 귀환자들의 도움

[44] Presbyterian Church of Korea: In Pyongyang wurde 1954 die erste Synode der P.K.K. gegruendet. Durch Spaltung entstanden die protestantischen Denominationen Yechang (P.C.K).

* 언어적 도움
* 직업적 교육

이 외에도 여러 가지 면에서 할 일이 있다. 교회공동체는 소외된 자들이나 가난한 이웃에 대하여 소홀한 것은 아닌지 되돌아볼 수 있어야 한다. 한 예로 필자가 종로에서 서점을 찾는데 우연히 길을 알려 준 사람이 일본 청년이었다. 그가 알려 준 서점에 가서 사회복지와 장애인의 통합에 관한 책들을 찾으니 수년 전만 해도 찾기가 힘들었던 책들이 어느 책을 읽어야 할지 모를 정도로 많이 출판되어 있었다. 그런데 문제는 기독교복지에 관한 책은 손에 꼽을 정도로 드물게 있었다. 교회는 급변하는 상황에 민감하게 대처하지 못하고, 변화에 둔감하여 자기 안일에 빠져 산다면 한국 교회는 하나님이 우리에게 주신 선교적 사명을 감당하지 못하고 급속한 쇠퇴의 길로 가게 될 것이다. 이런 점에 필자는 한국 교회가 나아갈 길을 디아코니아 신학에서 찾아보았고 미래목회를 연구하는 학자들 역시 디아코니아가 21세기에 상당히 뚜렷하게 부각될 내용으로 말하고 있다.[45]

이에 필자는 비헤른의 생각처럼 "그리스도인들 한 사람, 한 사람이 살아가는 현장에서 디아코니아 삶을 실천하며 살아가야 한다"고 본다. 한국 교회가 지금까지 타 민족에 대한 선교와 여러 가지 좋은 일들을 바깥으로 많이 감당하였는데, 이제는 그 관점을 안으로 눈을 돌려 우리 주변에서 고통받고 있는 이들을 찾아서, 그들을 체계적으로 도와 함께 살아가는 세상을 만들기 원한다.

한국 교회의 디아코니아 사역은 총회와 노회 그리고 개 교회에 따라 다양하다. 예를 들면, 총회는 프로그램 개발, 정책발전, 사회복지 정책에 대하여 정부와 의논, 목회자 및 평신도 사회봉사훈련, 관련 출판물 발행, 예산확보 등 다양한 일들을 하고 있다. 개 교회는 유치원, 어린이집, 청소년 문제, 노인복지, 장애인복지, 구제사업, 바자회, 협동조합, 농촌봉사, 교도소선교, 군선교, 해외선교 등 다양한 사역들을 하고 있다. 물론 교회마다 차이점이 있지만 대체로 모든 분야의 봉사를 하고 있다.

---

45) 이성희, 《미래 사회와 미래 교회》 서울: 대한기독교서회, 1997, pp. 246-257

교회가 이러한 사역에서 가장 시급하게 할 수 있는 것은 무엇일까? 여러 가지가 있지만 한국 사회에서 장애아동에 대한 일이 매우 시급하다고 본다. 그 이유는 여러 가지 다른 봉사는 일반 사회에도 감당할 수 있지만, 장애인에 대한 시급한 일인 부정적인 인식의 변화가 중요하다. 인식의 변화가 건강하게 되지 않은 상황에서는 어떤 시설이나 법적 장치도 효과가 없다. 독일이나 미국에서 만난 한국인 장애아동을 둔 가족들이 하는 말이 하나같이 "한국에서는 살기가 너무 힘들었다"고 한다. 힘들었던 이유는 여러 가지지만 가장 큰 이유는 장애인에 대한 사회의 부정적 인식이다. 필자는 이러한 인식의 바른 변화를 가져올 수 있는 장은 바로 교회공동체라고 생각한다. 한국에서 교회공동체의 시작이 선교사들의 디아코니아로 말미암았듯이 교회는 장애인복지에 이미 오래전부터 관심을 갖고 교회공동체의 사역으로 섬겨왔다. 이렇듯 교회가 바른 인식을 해나갈 때 한국 사회에서는 상당히 큰 효과가 있다고 본다. 이런 점에 필자는 장애아동을 위한 디아코니아를 소개하고자 한다. 장애인에 대한 부정적인 인식을 가장 해결하는 좋은 길이 교회공동체라고 보기 때문이다.

교회는 공간과 사람이 준비되어 있다. 솔직히 일반적인 사회복지에서는 통합교육의 문제가 일찍부터 연구되고 있었다. 필자도 이 책을 쓰면서 여러 대학에서 나온 책들과 통합교육에 관한 자료들을 읽으면서 많은 도전을 받았다. 그런데 교회공동체는 예수님의 정신을 갖고 살아가는 공동체임에도 불구하고 통합교육이 체계적으로 연구되지 못하고 있었다. 이에 교회공동체가 비장애아동과 장애아동을 조기부터 통합교육을 실천함으로써 함께 살아가는 사회를 이루는 데 중요한 사명이 있다고 본다.

독일은 110만 명의 전임요원과 250~300만 명의 자원봉사자가 있다. 이 가운데 가장 큰 사업이 청소년^{아동 포함}복지 분야이고 병원이다. 또한 노인복지에도 많은 관심을 가지고 있다. 이 외에도 노숙자, 알코올중독자, 마약중독자, 망명자들 그리고 감옥 출소자들을 위하여 일하고 있다. 그 다음이 장애인들을 위한 사역이다. 장애인복지기관은 1만 2천449개의 기관이 있는데 디아코니아에서는 약 2천193개의 기관이 일하고 있다. 5만 5천 명의 직원이 디아코니아에서 장애인을 위하여 일하고 있다. 장애인을 위한 사역에 1만 8천 개의 독일 교회가 동참하여 일하고 있다. 이에 비하여 한국 교회의 장애아동을 위한 디아코니아 실천은 몇몇 교회들이 앞서서 하고는 있지만 전체적이지 못하고 너무나 개 교회적이다. 오히려 일반적인 사회 단체와 기관에서 장애인을 위한 사역을 많이 하고 있다. 이에 필자는 장애인에 대한 부정적인 인식이 생기게 된 이유가 무엇인지 그리고 신학적인 반성을 해야 할 부분은 무엇인지, 또한 교회공동체의 연합 활동과 통합교육의 필요성을 소개하고자 한다.

1. 부정적인 장애인관

장애인의 문제는 현대 사회의 문제만은 아니다. 인류가 존재한 때부터 장애인은 인간 존엄성의 문제로서 상존해 왔으며, 인간의 무지와 편견은 언제나 장애인의 생존을 위협했다. 또한 장애는 선천적으로만 생기는 것이 아니고, 오히려 후천적으로 사회 환경의 요인에 의해서 발생한다. 그렇다면 장애는 우리 모두에게 발생할 수 있는 우리 자신의 문제인 것이다. 모든 국가가 장애인에 대한 다양한 정의와 법을 갖고 있다. 일반적으로 장애인은 신체 또는 정신적인 장애로 인하여 생활에 불편한 사람으로 이해된다. 그러나 장애인의 문제를 보다 구체적으로 이해하기 위해서는 여러 가지 측면[46]이 있다.

1975년 UN에서는 정신적·육체적인 장애인에 대하여 장애법이 제정되었는데, 출산 시나 성장 시에 발생하는 모든 장애를 포함, 결정된다. 1979년에 UN은 장애에 대한 정의를 변경, 개정하였고 1980년 한국도 장애인의 신고법이 발표되었다. 그러나 현실적으로는 신고제를 잘 따르지 않고 있다는 것이다. 이에 대한 이유는 여러 가지가 있을 것이다. 우리 사회의 인식체계와 구조 속에는 장애인에 대한 편견과 무관심이 암암리에 내재되어 있다. 최근 들어 1980년대 장애인 올림픽 이후 정책적으로나 사회제도적인 측면에서 장애인복지 향상을 위한 점진적인 노력이 이루어지고 있다. 이는 장애인에 대한 인식변화와 밀접한 관련이 있다. 오랜 기간 동안 정부나 사회단체 종교단체 등 장애인에 대한 여러 가지 시설 등 법조항의 변화에도 불구하고

---

[46] 첫째, 장애인을 해부학적, 신체구조학적, 지능 및 심리학적인 이상성이나 상실한 사람으로 해석한다. 둘째, 장애인을 주로 기능적인 면에 입각하여 해석한다. 셋째, 장애인을 주로 행동규범으로 해석한다(전용호, 《장애인복지론》, 서울:학문사, 1994, p.25).

아직도 사람들의 인식의 변화에는 차이가 없다고 느낀다고 말하고 있다.

장애인과 그 가족이 가장 힘들어하는 부분은 장애인에 대한 사회의 부정적인 인식이다. 비장애인들이 생각하는 장애인은 다른 사람들이 꺼려하고, 무시하는 사람이라고 여길 것으로 생각하는 경향이 있다. 장애인에 대한 비장애인의 반응은 그들의 특성이나 사회적 여건 등에 따라 다소 다르지만 불행히도 만성질환 대상자나 장애인에 대한 비장애인들의 반응들은 대게 부정적이다. 흔히 '장애인은 능력이 없다'고 생각하여 가치가 없고, 무능력한 존재로 낙인찍고 차별한다. 그리고 사람을 이해할 때 어떤 범주 내에서 고정관념을 가지고 있는 경우가 많다. 일단 어떤 인간의 긍정적인 속성이나 능력이 무시되면 부정적인 특성만이 강조된다. 장애인은 단지 불쌍한 존재로만 받아들여졌다. 하나의 가치관을 가진 사람으로는 받아들여지지 않았다. 이런 점에서 장애란 명칭을 사용하지 않는 이들도 있다.

한 예로 어떤 아동이 주의력결핍과잉행동장애^{ADHD}를 갖고 있다고 한다. 그러나 여기서 장애 유형이 아동의 전체적인 부분을 설명해 주지 못한다. 아동이 특정한 부분에서는 부족하지만 음악을 잘 하거나, 운동을 잘 하는 등의 다른 부분에 대한 정보를 다 주는 것은 아니다.[47] 따라서 이러한 오류를 피할 수 있는 한 가지 방법은 '사람이 우선'이라는 생각을 받아들여 한 명의 아동을 이해하는 데 필요한 다양한 특성 중의 하나로 명칭을 사용하는 것이다. 필자가 장애란 명칭을 사용하는 것은 오히려 장애란 명칭이 들어감으로 특수교육을 받을 수 있도록 도와주고 교사나 가족들이 장애아동을 이해하는 데 도움이 된다.

이러한 부정적 사고가 어디서 온 것일까? 막스 베버$^{Max\ Weber}$는 중국이나 한국이 모두 마찬가지로 씨족 사회를 이루며 살아가는데, 이런 사회에서는 유교나 전통 종교의 영향으로 가문을 중요시 여긴다고 말하고 있다.[48] 이 말을 참고한다면 한국 사회 안에 있는 의식구조는 결국 우리 사회의 전통 종교에 영향을 받았다는 것이다. 한국 사회에는 오랜 역사 속에 네 가지 전통 종교로 샤머니즘, 불교, 유교, 기독교가 있다. 이러한 전통 종교가 근대 이전의 역사 속에서 긍정적인 영향을 준 부분도 사회

---

47) Mariorie J. Kostelnik, Esther Onaga, Barbara Rohde, Alice Whiren, 박해준, 《이승연 공역 장애유아 통합교육 이야기》, 서울:학지사, 2007, p.21
48) Max Weber, Konfuzianismus und Taoismus, a.a.O., S. 315
49) 한국재활재단편, 《한국 장애인복지 변천사》, 서울: 양서원, 1997, pp.17-31.

복지 측면에는 적지 않게 있다.

예를 들면, 고대 사회인 삼한에서는 추수가 끝나는 10월에 시월제라 하여 온 나라 사람들이 모여서 음식과 술과 노래와 춤을 즐겼다. 이렇게 상하의 구별 없이 함께 종교적 의식에 참여할 수 있었던 것 또한 공동체의 일체감을 나타내는 것이고, 향촌민은 재력을 모아서 난민을 도와주는 공동의 사회복지를 보여 주는 부분이다. 삼국사기에 보면 서기 18년 신라 제 2대 남해왕 15년에 '백성들이 기근으로 굶주리므로 국고를 열어 이들을 구휼했다'라는 기록이 있다. 유교사상이 삼국시대에 사회복지이념에 영향을 주고 있다. 이러한 유교적 영향으로 백제, 신라, 고구려 삼국은 자연재해를 당하였을 때 국왕이 백성을 진정시키고 곡식을 내어 구제하며 나아가 죄인을 사면하는 일을 하였다.

중세로 넘어가면서 고대 사회와 마찬가지로 가난한 자, 병든 자, 노약자 등에 대한 구제책이 있는데, 고대 사회와 다른 점은 점점 무계획적이기보다는 법으로 규정되어 제도화되어 간다는 것이다. 예컨대 고려 성종 15년 3월 어린 고아를 길러 줄 사람이 없으면 그 고아가 10세가 될 때까지 관에서 키우고, 10세가 되면 자신의 뜻에 따라 거주지를 정하는 법이 한 예다. 그런데 문제는 이 모든 것이 요구자의 요구에 충족하고 모든 자에게 혜택이 간 것은 아니라는 것이다. 간헐적이고 임의적이었다. 고려 시대 구제기관으로는 일정한 재화를 가난한 사람에게 나누어 주는 제위보, 그리고 양곡을 저축하였다가 흉년에 빈민을 구제하는 의창이나 물가를 조절하기 위한 상평창 등이 있었다.

조선으로 넘어오면서 중앙집권적 근세국가의 성립이 이루어진다. 혜민전 약국은 빈민의 질병치료를 위하여 싼 값으로 가난한 자들이 약을 사갖고 가도록 도와주었다. 이는 사회복지의 형태를 나타내었지만 완전한 모습은 아니었다. 이이가 창안한 향약은 갑자기 찾아오는 재난으로부터 보호하기 위한 상호보험기능과 같은 역할을 하였다. 또한 장애를 갖고 있는 사람들은 씨족들에게 도와주게 하였고 친척이 없는 이들은 마을에 유덕한 사람에게 맡겨 도움을 받도록 권하였다. 이는 고대로부터 근대에 이르기까지 약자를 위한 사회복지의 근간이 만들어져가고 있었다는 의미이다. 이러한 정신은 불교, 유교 등 전통종교의 영향을 받았다.[49]

그러나 전통 종교의 영향이 긍정적인 측면만 있는 것은 아니다. 한국은 전통적으로 씨족 중심의 사회를 이루며 살아왔다. 이는 사회의 결속력이나 친화력에는 매우 좋은 강점이 되지만 씨족 중심의 사회 안에서, 그리고 가족 안에서 장애인은 문제점으로 받아들여졌다. 장애의 문제를 가족중심으로 받아들이는 것이다. 그 의식이 여전히 남아 있어서 장애인 가족들을 이상한 눈으로, 혹은 벌 받은 사람으로 바라보고 장애인 가족은 수치심을 갖고 살아간다. 주변 사람들은 장애인을 기피하며, 혹은 장애인에게 제한적인 배려를 한다. 잘못된 배려는 이웃 사랑이란 이름으로 하지만 사랑이 아닌, 자신의 인식을 인정시키기 위한 행위의 모습일 수도 있다. 비장애아동의 가족들은 장애 아동과 같이 지내는 것을 자기 아이들의 성장에 방해가 된다고 생각한다. 장애인의 부모 역시 비장애 아동들과 함께 지내는 것을 원치 않는 경우가 있다. 이는 아이가 공격적이 될 수 있는 부정적인 요소가 발생한다고 생각하기 때문이다.

샤머니즘에서 자녀를 주는 신을 삼신이라고 부르는데, 장애인이 태어나면 가족들의 잘못으로 인한 벌로 장애자녀가 태어나게 되었다고 말한다. 귀신이 육신의 몸에 들어와 방해를 일으키고 굿을 통해서 치료를 한다고 말한다. 샤머니즘적으로 본다면 누군가의 잘못으로 인한 가족들의 벌이다.

불교에서는 장애에 대하여 특별한 이야기는 없다. 인간의 운명은 스스로의 전생에 의해 태어나는데 전 생애에 자신의 죄로 인하여 태어날 수 있다. 그러면서 불교의 교리에서는 영혼의 장애가 문제이지, 육신의 장애를 가진 사람은 문제가 아니라고 이야기한다.

이에 비하여 유교는 많은 영향을 주었다. 장애에 대하여 좋고 나쁘다는 평가보다는 장애인이 인정을 받지 못하는 가부장적 사회제도가 문제가 된다. 유교에서는 선비로서 능력을 나타내는 것이 효이다. 자손은 가문을 빛내야 하는데 장애인은 가문을 빛내지 못하다보니 결국 수치를 주는 자로 생각하게 된 것이다. 결국 체면을 위해 장애자녀를 감추는 경우까지 생기게 된 것이다. 이처럼 한국 사회는 전통종교의 영향을 많이 받았다. 장애인에게 도움을 주지도 않았고, 장애인들도 도움을 요청하지 않았다.

이런 상황 하에서 나타난 현상은, 하루 종일 집안에 격리된 채 생활해야 하고, 장애인의 성장과 삶에 문제점이 그대로 나타나게 되었다. 장애를 가진 아동이나 특수교육대상 학생들은 어느새 자신이 살고 있는 그곳에 있지 않고 울타리 밖에 나와 있으며, 부모나 관련자(일반교육 및 특수교육 담당자)들은 어떻게 하면 그 울타리를 뛰어넘을 수 있을까 고민하는 경우가 많다. 다시 말하면, 우리는 장애를 가진 아동이나 학생들의 존재를 그들과 함께 있는 곳에서 인정하지 않고, 그들이 이 사회 밖에 있다고 무의식적으로 인식하고 있는 것은 아닌지 생각해 보아야 할 것이다.

근대 이전의 사회복지 이념에 기독교가 전래되면서 어떤 모습으로 사회복지가 계속해서 전개되었는지 살펴보면, 기독교는 시작부터 복지에 매우 적극적이었다. 선교사들이 들어오면서 시작한 것이 특수교육이나 특수시설 등이었다. 전통종교가 장애인에 대한 관심을 많이 갖지 못한 시기에 기독교는 그들에게 가까이 다가갔다. 어떻게 하면 이들을 돕고, 이들을 치료할 것인가에 대한 생각을 하게 되었다. 동양의 전통종교는 자연에서 만들어져 자연에 순응하는 법에 익숙하고, 숙명으로 모든 것을 받아들였지만 기독교가 들어오면서, 하나님이 요구하는 인간의 권리를 찾고, 장애인에 대한 생각이 조금씩 변하기 시작하였다. 결국 한국 사회 내에서 기독교가 짧은 기간 안에 이렇게 성장하게 된 데에는 그러한 이유가 크게 자리 잡고 있다. 이처럼 초창기 사회복지에 관심을 가진 한국 기독교가 어떻게 나가야 될지는 매우 중요한 문제이다. 사실 기독교인이 소외된 사람에게 관심을 가지는 것은 당연한 일이다. 예수님은 일생을 소외된 사람과 함께했다. 예수님은 소외된 사람들에게 가까이 가셔서 그들을 치유하셨을 뿐만 아니라 영원한 삶을 동등하게 나누어 주셨다.

그런데 한국 교회는 선교 120년의 역사를 지나면서 여기저기에서 비판과 자성의 목소리가 이구동성으로 들려오고 있다. 교회공동체라고 해서 크게 다를 것은 없다. 한국 교회는 그 규모와 능력에 비해 장애인에 대한 관심은 너무나 부족하다. 아직도 교회는 복음전파를 위해 해외선교에는 관심을 집중하지만 가난한 이웃이나 장애인을 위한 일은 복지단체가 하는 일로 생각하는 경우가 많다. 조선시대를 마음껏 움직인 유교 정신, 그 정신의 마지막 노폐물인 신분 차별 의식은 장애인들을 멸시와 천대의 대상으로 보기에 충분한 시각을 제공했고, 1960년대 이후 성장 일변도의 경제 정책은 능력 있는 사람만이 인정받는 사회로 만들어 놓았다. 이런 의식은 교회공동체에도 알게 모르게 스며들었고, 교회 안에서도 능력 있는 사람이 인정을 받게 되었다. 교회공동체의 관심은 어떻게 하면 부흥하고 성장하는가에 있었다. 교인들의 장애인에 대한 인식은 일반 사회인과 별 차이가 없었다. 단지 교회의 입장에서 장애인들이란 동정을 받아야 할 불쌍한 처지에 있는 자들로서 자선적 차원에서의 구제 대상으로밖에 여겨지지 않았다. 교인들의 장애인에 대한 인식은 일반 사회인과 거의 다르지 않았던 것이다. 이런 사회 속에서 장애인선교는 뒷전으로 밀려날 수밖에 없었다.

그나마 장애인에 대해서 관심을 가지게 된 것은 1980년대 이후이며, 1988년 장애인 올림픽을 계기로 일반 사회의 관심과 함께 교회공동체의 장애인에 대한 관심도 고조되는 듯했으나, 지금은 이러한 관심도 다시 수그러들고 있는 실정이다. 그래서 한국 교회공동체의 장애인선교는 여전히 시작 단계라고 할 수밖에 없다. 선교 초기에는 한국 교회공동체가 장애인들의 문제에 대해 사회보다 앞서서 이끌어갔지만, 지금은 오히려 정부의 복지정책이나 재활체계에서 교회가 오히려 뒤지고 있다. 이에 대해서 한국 교회는 책임성을 가지면서 역사를 바라보는 자세가 있어야 할 것이다. 한국 교회공동체는 사회참여에 매우 소극적이고 개인의 신앙 성장에만 관심을 갖고 있다. 그 이유로 필자는 선교사들이 보여 준 초기의 사회봉사는 디아코니아적인 자세가 아니라 단지 교회성장을 위한 하나의 도구로 사용된 것이기 때문이었다. 즉, 기독교봉사에 대한 개념정리가 약하였다고 본다. 이후로 점점 개신교 인구가 줄어드는 것이 그 하나의 모습이라고 보여진다. 이 시점에 교회공동체가 어떻게 나아가야 할지를 사회의 약자들과 버림받은 사람들과 병든 사람들을 섬기는 디아코니아의 측면에서 깊이 인식하면서 확고한 입장과 대책을 세워야만 한다.

2. 신학적 반성

보다 크게, 보다 빨리 성장된 한국 교회의 지난 시기를 돌아볼 때, 진지하게 변화를 찾기보다는 성장에만 많은 관심을 가져왔다. 교회의 성장을 위한 교육에 많은 관심이 있었다. 한국 교회가 말씀을 더 강조하게 된 이유로 선교사들의 신앙과 신학을 주목할 필요가 여기에 있다. 장로교 선교사로 온 언더우드는 프린스턴신학교 출신이다. 프린스턴신학교는 19세기 미국의 보수적 칼빈주의 신학의 보루였다. 또한 감리교 선교사인 아펜젤러는 드류신학교 출신이다. 드류신학교는 남북전쟁 직후에 북 감리교회에서 설립한 신학교로 '감리교의 사관학교$^{\text{The West Point of Methodism}}$'라 불릴 정도로 엄격한 신앙훈련으로 유명하였다. 이런 신학적 배경을 가진 선교사들은 교회의 사회 개혁적 기능 보다는 경건주의^{pietism} 신앙의 색체가 강했다. 이 같은 경건주의 신앙운동이 한국 기독교인들의 내적 신앙 체험과 윤리적 갱신에 기여했다는 점에서는 긍정적인 면이 있지만 신학의 자리는 좁혀졌다.

실천보다 말씀을 상위에 두고 있는 현 신학 구조는 성서를 해석하는 일을 매우 중요시 여겼다. 그 이유로 말씀이 있어야만 행하는 실천의 힘이 나온다는 것이다. 물론 중요한 일이다. 그러나 예수님의 삶은 말씀을 전하는 일이나 실천으로 보인 일이나 언제나 동일하고, 예수님은 말씀을 전하는 자의 일이나 실천으로 섬기는 자의 일을 동등하게 보았다. 이런 점이 루터가 종교개혁$^{50)}$ 할 당시 목회자와 평신도의 직제에 대항하여 '만인사제직'을 강조하게 했다. 이것은 말씀을 전하는 자나 세상에서 살아가는 모든 이들은 역할의 차이가 있을 뿐이지 모두의 일이 중요하다는 것이다. 그 당시 교황, 주교, 사제들이 은혜를 전달해 주는 상위의 직분이라는 교회의 위계질서 체계에 큰 파장이었다. 이 일로 루터는 파문당하고 개신교가 탄생되었다.

개신교는 모든 그리스도인은 동일하다는 신앙고백으로 시작되었다. 이 말은 후대에 모든 직업이 동등하고 하나님이 주신 일이라는 것으로 해석되어 간다. 그런데 한국 교회가 비판받는 이유 가운데 하나가 성직자의 권위주의이다. 선포된 말씀은 하나님의 뜻이라는, 성직자가 신의 대리자처럼 여겨지는 교회구조가 만들어지고 있다. 독일의 디아코니아 학자인 울리히바흐는 '만인사제직이 실현되지 않으면 이미 개신교가 아니다'라고 말한 바 있다.

루터의 종교개혁 이후 150년이 지나 비텐베르그^{Wittenberg}, 즉 루터가 종교개혁을 한 동일한 장소에서 비헤른은 제2의 종교개혁을 한 것이다. 다시금 만인 사제직의 회복을 주장한다. 사랑의 실천이 없는 교회는 바른 신앙이 아님을 이야기한다. 이 당

---

50) 종교개혁일은 1517년 10월 31일에 독일의 마틴 루터(Martin Luther, 1483-1546)가 당시 교권의 타락과 부패 속에서 하나님의 말씀과는 전혀 상관이 없이 전통과 관습으로 일관된 가톨릭 교회를 향하여 하나님의 말씀으로 돌아가자는 신앙개혁 운동을 일으킨 날이다.

시에 산업혁명의 결과로 생긴 수많은 사회 문제에 무관심으로 일관한 기존 독일 교회에 대항하여 당시의 사회 문제를 교회가 전적으로 책임져야 한다고 주장하였다. 그리고 이를 위해 밖을 향한 선교가 아닌 교회 안에 있는 이들의 각성$^{innere\ Mission}$을 요구하게 되었고, 교회의 본질인 디아코니아가 회복되어야 할 것을 강조하였다.

    이런 점에서 볼 때 한국 교회는 비본질적인 부분이 개혁되어 말씀과 실천이 동시에 강조되도록 디아코니아학이 자리매김을 해야 한다. 디아코니아는 내적선교를 위한 학문$^{Wissenschaft\ von\ der\ Inner\ Mission}$ 혹은 디아코니아학^{Diakoniewissenschaft} 51)이라고 한다. 이 분야의 시작은 독일이다. 이 분야의 시작을 독일의 실천신학으로 유명한 본^{Bonn}대학의 임마누엘 니치$^{C.I.\ Nitzsch\ 1787-1868}$교수는 1848년으로 본다. 그 이유로 요한 힌리히 비헤른이 1848년 교회의 날 행사 때 그의 연설로 내부선교$^{Innere\ Mission}$가 시작이 되었는데 이것이 디아코니아의 시작이라고 본다. 니치교수 역시 실천신학의 전통적 주제인 설교, 예배학, 목회 그리고 종교 교육 외에 디아코니아를 강조하였다. 물론, 처음에는 학술적 비판을 많이 받았지만[52] 니치교수의 목회에 대한 정의는 "영혼을 돌보는 사람들, 목회자들의 사역은 신앙을 성장시키고, 보살피며 영적인 삶을 발전시켜 주는 일이다."[53]라고 하였다.

    그 후 쉐퍼$^{Theodor\ Schaefer}$는 1883년 독자적 학문으로서 디아코닉^{Diakonik}을 주창하였다. 쉐퍼는 1888년 그라이스발트대학의 실천신학 교수직을 제안받지만 디아코닉의 연구와 발전을 위하여 거부한다. 이런 과정 속에서 독자적 학과로서 디아코닉의 도입이 미루어진다. 1920년대에는 디아코니아학이 새로운 모습을 보인다. 이제까지 실천신학 안에서 자리를 잡았다면 이 시기부터는 조직신학과 교회사에서 디아코니아학이 발전되어 온다. 이런 어려운 과정을 거쳐서 결국 1954년 2월 하이델베르그대학의 신학부에 디아코니아학연구소가 새롭게 시작되면서 독일뿐 아니라 유럽 안에 스

---

51) Th. Strohm, Diakoniewissenschaft. In: Religion in Geschichte und Gegenwart. Bd.2 Tuebingen u. a. 1990. S. 801-803
52) Th. Strohm, Theologie und Kirche in der Begegnung mit den Humanwissenschaften-Aspektetheologischer Existenz im Zeichen der Verwissenschaftlichung der Welt. In: G.Sauter/Th.Strohm Hrsg: Theologie als Beruf in unserer Gesellschaft. Muenchen 1976. S.38-78
53) Carl Im Th. Strohm, Theologie und Kirche in der Begegnung mit den Humanwissenschaften-Aspekte theologischer Existenz im Zeichen der Verwissenschaftlichung der Welt. In: G.Sauter/Th.Strohm Hrsg: Theologie als Beruf in unserer Gesellschaft. Muenchen 1976. S.38-78 manuel Nitzsch, Praktische Theologie. Dritter Band: Die eigenthuemliche Seelenpflege des evangelischen Hirtenamtes mit Ruecksicht auf die innere Mission, Bonn, 1868.

칸디나비아 반도, 핀란드의 오슬로대학과 라티전문대학에서 1995년 이래 디아코니아학 과정이 시작되었다.

헬싱키대학의 '사회윤리와 디아코니아'를 위한 연구소는 라티전문대학과의 협력 아래 디아코닉이 강화되고 있다. 스웨덴, 덴마크에서도 새로운 전기를 맞이하고 있다고 한다. 요약하면 독일이나 유럽사회에서 디아코닉은 신학을 비롯한 다른 학과와 나란히 새로운 독립적 학과로 형성되어 가고 있다. 독일에는 20개 전문대학과 디아코니아를 역사적으로 규명하고, 신학적으로 연구하는 하이델베르그대학의 디아코니아 연구소[54], 개신교사회봉사국의 합법성과 정당성을 뒷받침하는 스투트가르트의 개신교사회봉사국신학위원회, 디아코니아를 사회윤리적 측면에서 연구하는 뮌스터대학의 기독교사회학연구소 등에서 중점적으로 연구하고 있다.[55]

그러나 한국 사회는 어떠한가? 아직 여러 신학 대학에서 디아코니아가 학문으로 자리를 잡지 못하고 있다. 이는 목회자들이 분명한 신학적인 인식과 신앙적 확신이 없기 때문이다. 이러한 맥락에서 교인들은 목회자로부터 혹은 교회공동체의 여러 프로그램을 통해 기독교 사회봉사에 대한 올바른 인식을 가질 수 있는 교육이나 훈련을 받지 못하고, 목회자 자신도 체계적인 교육을 배우지 못하게 된다.

한 예로 필자가 독일에서 한인 교회 목회를 한 적이 있었다. 그 당시 필자는 동구권 선교에 관심을 갖고 폴란드 쿠도바라는 인구 5천 명이 살고 있는 작은 도시를 섬긴 적이 있었다. 필자의 한인 교회 성도 중에는 유학생이 많았고 태권도를 비롯한 전문직업인들이 있어서 그들을 훈련시켜 동구권 선교를 한다면 언어와 유럽문화에 익숙한 분들이기에 정말로 훌륭한 선교사가 될 것이라고 확신하였다. 매년 필자를 비롯하여 여러 교우들과 같이 여름휴가를 이용하여 쿠도바란 도시에서 5년 동안 교회당을 보수하였다. 폴란드의 개혁교단 총회장이신 트란다 목사를 비롯하여 유럽 내 개혁교단 교회들 네덜란드, 독일 등 여러 지역에서 같이 모여 교회당 건축을 위한 장기 프로젝트를 세워 점차적으로 협력하고 있었다. 그러는 가운데 필자가 미국으로 사역

---

54) 하이델베르그 대학의 디아코니아학 연구소는 1927년 본 훼퍼(D. Bonhoeffer)의 은사였던 베를린 대학의 제베르크(R.Seeberg)교수에 의해 세워진(내적선교학과 사회윤리를 위한 연구소)에 그 뿌리를 두고 있다. 1937년 이 연구소는 히틀러에 의하여 폐쇄되었다가 1954년 개신교 원조국의 형성에 중요한 역할을 하였던 크림(H.Krimm)을 중심으로 세워진 (디아코니아 연구소)로 이어진다. 1933년 디아코니아학과가 국가 공인의 디플롬 과정(Diplom-Aufbaustudiengang)이 만들어졌고 졸업과 함께 디아코니아석사(Diplom-Diakoniewissenschaftler)가 수여된다.
55) 독일개신교연합, 홍주민 역, 《디아코니아신학과 실천》 청주: 디아코니아 연구소, 2006, pp.153-159

지를 옮기게 되었다. 문제는 동구권 선교가 동시에 멈추었다는 것이다. 이유는 리더십에 따라 관심이 변한다는 것이다. 우선 필자가 그것을 잘 연결시키지 못함이 잘못이었다. 예수님은 하나님의 일이 계속해서 제자들을 통하여 이루어지기를 원하셨고 가르치셨다. 교회공동체의 디아코니아는 여기에 중요성이 있다. 이런 점에서 볼 때, 디아코니아는 학문적으로 체계성 있게 배우고, 또한 실천적으로 행해야 한다.

또한 목회자는 본인이 배운 신학에 의해 자기주장을 펼치는데, 그것은 교회와 교단에 따라서 해석이 각기 다르다. 목회자의 사고 속에 실천^{디아코니아}과 말씀은 서로 함께 연결되어야 한다. 두 분야가 나누어지면 안 된다.[56] 두 분야의 관계를 잘 조화시키는 것이 어렵다. 잘못하면 우왕좌왕하게 될 수 있는 부분이 있다. 이런 점에 목회자의 계속교육 차원에서 디아코니아에 대한 강의에 참여하는 것이 매우 중요하다. 하이델베르그대학의 테오도 스트롬$^{Th.\ Strohm}$ 교수는 복음의 정의를 "복음은 세상의 치유^{회복}를 선포하는 것이다. 말하자면, 예수 그리스도가 세상에 대해 책임을 지셨다"라고 하였다. 그는 신학 교육에서 요구하기를 "말씀을 동반하지 않는 디아코니아는 영혼이 없는 사회복지 임무이다"라고 하였다. 왜냐하면 디아코니아는 성경에 근거를 두며, 영혼과 육체적으로 어려움에 처한 사람들을 위한 섬김이기 때문이다. 그래서 말씀과 행함의 봉사라고 하였다. 디아코니아 목회는 복음에 대한 대화와 초대이지, 강제로 믿음을 갖도록 강요하는 것은 아니다. 디아코니아는 사랑과 정의를 알려주어 그리스도에 대한 믿음을 갖게 하는 것으로서, 육체만 돌보지 말고 정신도 돌봐야 한다.[57] 왜냐하면, 디아코니아와 말씀은 내용적인 면에서 비슷한 점이 있기 때문이다. 두 단어는 교회공동체 안에서 사람들이 위기에 사용하거나 몸이 아주 고통받을 때나 외로울 때 사람들이 찾는 단어이다. 디아코니아와 말씀을 구분하고자 하는 사람들은 디아코니아는 교회공동체 밖의 일로, 말씀은 교회공동체 안의 일로 이해하지만, 그렇게 분리할 수 없다. 모든 교회공동체의 일은, 항상 그리스도를 증거하며 사회 안에서 필요로 하는 사람에게 행하여야 하기 때문이다.

신학대학에 디아코니아학과를 만들어서 신학생들에게 전문적이고 조직적인 교육을

---

56) Arnd Goetzelmann, Zum Verhaeltnis von Seelsorge und Diakonie, in: Diakonische Seelsorge im 21 Jahrhundert, 27 Band, Heidelberg Universitaet Verlag 2006 Winter, S.18
57) Kundgebung der Synode zur der Diakonie, Sonderdruck in epd 48/1998, S.29-34

해야 한다. 디아코니아학은 실천적인 경험이 구체적으로 목회현장에서 이론적으로 도움이 되어야 한다. 디아코니아학과는 학문적으로 공부할 수도 있고, 또한 실제적인 것을 배울 수도 있다. 한국의 신학대학들이 최근 들어 디아코니아를 하나의 과목으로 원하고 있다. 이것은 매우 고무적인 일이다.

3. 장애인을 위한 교회공동체의 연합 사역

교회는 노회와 총회가 서로 연결되어 함께 일해 나가야 한다. 이것이 그리스도의 몸을 이루는 것이다. 그런데 한국 교회는 대체로 개 교회 중심으로 일을 하고 목회자에 의해 정책이 결정된다. 그렇다 보니, 목회자의 의식이 대단히 중요하다. 바른 목회자의 의식을 갖는 것이 중요하다. 교회의 봉사인 디아코니아의 궁극적 목적은 하나님의 일이다. 하나님이 관심을 가진 일에 우리가 관심 갖고 하는 것이지, 나의 관심에 의해 일하는 것이 아니다. 자신의 관심으로만 일을 하다 보면 언제든 그 관심이 변할 수 있고 지속적이지 못하다.

하나님의 일이 나 중심의 일이 되지 않기 위하여, 교회공동체는 늘 하나님의 영이 임해야 된다.

디아코니아를 실천하는 교회는 분명한 하나님의 영이 임해야 한다. 하나님의 영이 임하지 않으면 일반적인 사회봉사와 차이가 없다. 예수님은 하나님의 영을 받고 그의 사역을 시작한다. "주의 영이 내게 내리셨다. 주께서 내게 기름을 부으셔서, 가난한 사람들에게 기쁜 소식을 전하게 하셨다"[눅 4:18]. 하나님의 영을 받은 예수님은 그의 전권을 제자들에게 위임하고 동시에 그들에게 전적인 섬김을 요구한다. "너희의 아버지께서 자비하신 것과 같이, 너희도 자비로운 사람이 되어라"[눅 6:36].

교회공동체는 지역의 구심점으로서 네트워크를 통해 교회가 살고 있는 지역을 살려야 한다. 그러나 지금까지는 한국 사회에서 봉사의 구심점은 교회보다는 사회단체에 넘겨주었다. 한국 사회의 수많은 봉사 관련 단체들이 기독교 선교사에 의해 설립된 곳이 많이 있었다. 그러나 선교사들이 떠나면서 그 일은 개인이나 단체로 넘어 갔다. 넘겨 준 것이 문제가 있는 것이 아니고, 교회는 개인이나 단체에게 그 일이 넘겨졌더라도 여전히 봉사와 섬김의 일 중심에 서야 하고, 그들을 서로 연대하는 일에 앞장서야 한다. 이것이 디아코니아를 실천하는 교회이다. 교회의 디아코니아는 분명한 목적이 있기에 그 목적이 상실되지 않도록 노력해야 한다. 그리고 필요한 예산을 위하여 어떻게 마련할지 정부와 사회, 그리고 교회가 항상 연합할 수 있어야 한다.

한국 교회공동체가 계속해서 요구되는 이러한 현실을 멀리한다면 아마도 급속도로 퇴보할 것이다. 실제로 개신교 인구에서 이미 감소현상이 일어나고 있다. 사회에서는 한국 교회공동체가 사회봉사에 적극적으로 참여하기를 바라고 있다. 그러나 사회봉사활동에 가장 많이 참여하는 곳이 어디인가? 가장 많이 참여하고 있는 것이 개신교회이다.[58] 이처럼 교회공동체가 많은 봉사를 하면서도 사회적으로 사람들에게 외면당하고 봉사가 저조하다는 이야기를 듣는 이유가 무엇인가? 그것은 봉사가 개 교회 중심적이고 체계적이지 못하다는 것을 말해 주고 있다. 예를 들면, 교회공동체의 봉사가 때로는 그 범위를 교회 내로 국한하여 교회공동체에 속한 구성원들에게만 제한한다면 봉사 자체가 교회 성장을 위한 행사이지 지역을 살리고 사회를 살리는 디아코니아가 아니다. 이것을 막기 위해 교회의 연합운동 또한 중요하다. 즉, 사회와 교회공동체가 다 함께 연합하여 혼자 하기 힘든 봉사도 같이하면 좀 더 폭 넓고 체계적인 디아코니아 사역을 할 수 있다.

교회가 노회 안에 속해 있기 때문에 노회는 총회와 교회의 중재적인 활동을 하면서 총회의 법칙, 정책들을 교회에 전달하며, 반대로 여러 종류의 요구사항과 교회의 문제점을 총회에 전달해야 한다. 한국 교회의 구조인 노회와 총회, 이러한 구조는 연합을 하기에 아주 좋은 기구이다. 노회와 총회가 단지 행정적인 기구 역할만 감당하는 것이 아니라, 노회는 다른 노회와 서로 연결하고 총회는 다른 총회와 연결하여 각 지역의 여러 교회공동체가 디아코니아 사역을 함께해 나갈 수 있는 기구가 만들어지고 재정적인 면에 도움을 줄 수 있어야 한다.

한국 교회공동체는 장애인복지에 대해 이미 오래전부터 관심을 갖고 있었으며 하나

---

[58] 종교계의 사회복지시설법인에 관한 조사에 의하면 기독교 461개, 가톨릭 112개, 불교 37개로 기독교 사회복지활동이 다른 종교계보다 왕성하다.

님의 일로서 감당해왔다. 지금도 많은 교회공동체 가운데 장애인을 위한 통합예배와 좋은 환경을 만든 곳도 있다. 또는 아예 시각장애인들이 모이는 교회, 청각장애인들이 모이는 교회도 있다. 그러나 그것은 대도시의 몇 교회뿐이다. 일반적인 지역에서는 장애아동에 대한 교육이 안 되어 있다. 이러한 때 노회가 교회와 교회를 연결하여 어떤 교회는 시각장애인을 위해, 어떤 교회는 청각장애인을 위해, 또한 어떤 교회는 장애인재활을 위해, 어떤 교회는 관련 세미나를 열어 특별 활동이나 교육을 제공한다면 장애인들에게 도움을 줄 것이다. 또한 교회공동체도 다양한 사역을 한 교회가 다 감당하기에는 역부족이지만, 한 가지씩 사역적인 특성을 효율적으로 살린다면 충분히 감당할 수 있다고 본다. 총회는 정부와 민간단체들을 연결하여 장애인 사역이 더욱 광범위하게 발전되도록 행정적인 면과 경제적인 면을 제공해야 한다.

4. 장애인을 위한 교회공동체의 통합교육

마가복음 10장 13~16절을 보면 예수님은 아이들에 관한 중요한 견해를 갖고 계신다. 그 당시 아이들은 12세까지 율법교육을 받지 못하였기에 종교적으로도 미성숙하였고 가난한 자, 여자, 이방인, 병자와 마찬가지로 사회에서 주목받지 못했다. 예수님은 이런 아이들을 '한복판에'[막 9:36] 세운다. 그리고 이들을 하나님 나라의 주인공이라고 이야기한다. 이 말이 무엇인가? 교회공동체와 가족과 사회는 장애인이나 비장애인이나 아이들에게 관심을 갖고 이들을 중심에 놓는 일을 해야 한다.[59]

"통합교육이 반드시 좋은가?" 이 질문에는 여러 논의가 이루어지고 있다. 통합교육에 비판적인 시각을 갖는 이유는 다음과 같다. 통합교육이 아무리 좋다고 하더라도 기본적인 시설이나 환경이 준비되지 못한 상황에서 실시하는 것은 오히려 분리교육보다 더 많은 문제를 가져올 수 있다는 것이다. 이를테면 장애아동이 일반적인 교

---

59) 신민선, 박용순, 《기독교와 사회복지》 서울:예영사, 2003, p.119

회에서 화장실이나 여러 시설 면에 불편을 느낄 경우, 다른 비장애 아동들에게 따돌림을 받게 된다. 이는 분리교육보다 더 심각한 갈등과 심리적 소외감을 주게 된다. 또한 장애에 대한 기본적인 인식의 차이로 성숙되지 못하면 통합에 대한 부정적 모습이 나온다. 일반적으로 대개의 교회공동체는 개별화된 분리교육을 시키는 데 여러 가지 부족한 부분이 많이 있다. 교사의 자질 부족을 비롯해 심지어 장애인 부서를 맡은 목회자나 책임자도 장애에 대한 기본적인 교육을 받은 적이 거의 없다는 것이다. 또한 목회자가 장애인에 대한 이해와 리더십이 있을 때에 교육의 효과가 나타나는데 그렇지 못한 경우가 있다. 교회 재정의 부족과 인력 부족, 비효율적인 수업계획이 통합교육의 문제점이며, 나아가 교회의 환경적인 부분이나 시설이 통합교육을 실시하기에 적절한지도 중요하다. 통합교육은 결국 장애인들을 비장애인들과 함께 교육하면서 경쟁과 비교상황에 처하게 한다. 이렇게 될 때 새로운 어려움이 발생할 수 있다. 따라서 이처럼 무조건적인 통합에는 한계성이 있다.[60]

이를 극복하기 위해서는 사전에 통합을 위해 교회 내에 시설이나 교우들의 인식의 변화, 그리고 목회자나 책임자의 분명한 사명감 등 먼저 선행해야 할 과제가 있다. 최근의 큰 문제는 사회적인 분위기가 통합교육을 요구하자, 교회공동체에서 아무런 준비 없이 다른 이들의 이목이나 법적책임 때문에 통합교육을 실시한다고 하는 무책임한 행동들이다.

그렇다면 교회공동체 내에서 통합교육을 실시하기 위하여 준비되어야 할 점은 무엇인가? 교우들의 인식의 변화가 가장 중요하다. 성경에 나온 인간의 이해, 즉 하나님의 형상으로 태어났다는 점, 그리고 수치는 하나님과 멀어진 것이 수치이지 장애 자체가 수치가 아니라는 점 등은 신학적인 중요한 주제이다. 이에 대하여 교회공동체는 바른 인간 이해를 성경을 중심으로 알려 주고, 또한 통합교육을 반드시 해야 한다는 확실한 신념이 필요하다. 즉, 통합교육을 통해 장애아동이나 비장애 아동이 함께 성장한다는 가능성을 갖고 임해야 한다. 아무리 좋은 시설을 교회가 준비하여도 정작 교사가 준비되어 있지 않다면 소용이 없다. 교수학습능력을 잘 갖춘 교사가 필요하다. 교사는 장애인에 대한 동정의 마음이나, 반대로 배타적인 마음보다는 객관적으로

---

60) 김남순, 《통합교육의 이론과 실제》, 파주:교육과학사, 2008,pp.110-114

학생 한 명 한 명의 장점을 찾아 주는 마음과 돌발적인 상황^부적응행동에 잘 적응해갈 지도력을 갖추어야 한다. 물론 바른 신앙관과 전문적 능력은 기본이다. 끝으로 교회공동체의 여러 기관과 교사와 부모의 긴밀한 협조 관계가 이루어져야 한다. 장애인 가족과 부모의 적극적인 참여는 통합교육에 큰 효과가 있다.

앞에서 언급하였듯이 교회공동체 혹은 학교에서의 통합교육은 바람직하다. 그러나 무조건 통합교육이 좋은 것은 아니다. 이상적인 통합교육을 위해서는 연령에 제한이 필요하다. 예를 들면 독일의 경우 초등학교 입학 전까지는 통합교육이 좋다고 본다. 어려서 조기 통합교육은 함께하는 삶에 익숙해진다. 그러나 초등학교 입학 시기부터는 장애의 정도에 따라 긍정적인 면도 있고 부정적인 면도 있다. 이런 경우 효과적인 선택을 하기 위해 전문가와의 상담과 그에 따른 도움이 필요하다.

그러나 한국 교회공동체는 어떠한가? 한국 교회는 통합교육이 필요한지 그렇지 않은지, 어떻게 장애 아동을 도울 것인지 문제의식조차 없는 교회가 많다. 장애인이 없는 교회는 장애 교회이다. 교회공동체는 장애인과 비장애인의 치유의 장소이다. 그것은 단지 특별한 장애인 단체의 일이 아니고 모든 그리스도 교회공동체의 일이다.[61] 교회공동체 안에는 우리의 생각보다 더 많은 장애인들이 있다. 그러므로 장애인에게 무관심했던 우리가 더 관심을 주어야 한다. 그들이 교회공동체 생활에 잘 적응하도록 도와주어야 한다. 그렇다고 장애인이 도움의 필요자로 나타나기를 바라지 않는다. 우리는 좋은 마음으로 했지만 오히려 그것이 더 아픔을 줄 수 있다. 장애인은 스스로 정의를 결정할 권리를 비장애인과 동일하게 갖고 있다. 많은 장애인의 삶은 비장애인과 같이 교회 안에서 일을 맡을 준비가 되어 있다. 그것을 통해 이들에게 지금까지 닫혀 있는 일들이 열리도록 기회를 주어야 한다. 이런 점에 필자는 통합교육의 시작에 있어 가장 대표적으로 통합예배를 권한다. 예배는 당연히 통합이란 단어를 사용하지 않아도 누구나가 교회공동체에서 하나의 회원으로서 함께할 수 있어야 한다.[62]

장애아동에게는 다른 장애아동이나 또 비장애아동이 교제하며 좋은 경험과 실망 등을 나누며 함께 느낄 공간이 필요하다. 만남을 통하여 장애아동들이 자기들만이

---

61) Christoph Beuers, Die fruehe religioese Sozialisation von Kindern mit geistiger Behinderung, Religionspaedagogische Perspektiven; Bd 25, Die Blaue Eule Verlag, Essen 1996, S.159
62) Wuerzburger Synode 1975-1 Beschluss: Schwerpunkte kirchlicher Verantwortung im Bildungsbereich, S. 530

아니라 비장애인들도 삶에 어려움이 있다는 것을 알게 된다. 그 일을 통하여 교회공동체가 중요하고 교회에서는 이들을 위하여 통합예배, 신앙교육을 제공해야 한다. 지금까지는 대형 교회를 중심으로 장애인교회학교 부서가 독립적으로 운영되어 왔다. 그러나 통합교육의 필요성이 제기되면서 교회학교에서도 통합예배를 위한 적절한 대책을 마련하지 않으면 안 될 시점에 직면했다. 아직까지 함께 예배를 드리는 통합예배라는 말 자체가 생소한 용어이고, 그에 관한 개념이나 정의도 부족한 상태이다.

한국 교회의 예배 속에는 장애인이 많은 부분에서 소외되어 있다. 지금껏 일반적으로 교회예배의 중심은 비장애인이었으며, 장애인은 일반적인 교회가 아닌 장애인선교회나 장애인대상 부서가 설치되어 운영하고 있는 교회의 몫으로만 여겨진 것이 사실이다. 하나님은 천하보다 한 사람을 귀하게 여기시는 분이시다.[마 16:26, 골 1:12, 행 4:12] 사람의 능력, 지위, 소유, 학벌 등과 상관없이 모든 사람을 귀하게 여기신다. 그리고 예수님이 친히 찾아가셔서 긍휼을 베푸신 대상은 바로 정신적, 신체적, 사회적 약자들이었다. 즉, 예수님은 장애인과 함께하셨던 분이시다. 또한 장애인과 비장애인 모두 그리스도 안에 한 지체이므로[고전 12:24~27] 지체가 떨어져 생활해서는 안 되며, 마땅히 함께 교육받아야 한다. 따라서 통합예배는 교회공동체가 마땅히 해야 할 일이다.

통합예배를 드리는 방법은 예수님이 사람을 받아들인 것같이 장애인 역시 예배에 받아들여지고 있음을 알게 해야 한다. 이 일을 위하여 환경이 매우 중요한 역할을 한다. 사용하는 단어, 상징, 장식도 중요하다. 교회공동체에서는 장애인들이 예배에 있어서 기도, 찬양, 말씀, 용어, 성찬식 등에 장애인도 참여할 수 있도록 상징적인 언어를 사용하는 노력이 필요하다. 말씀을 전하는 데 단지 말로만이 아니라 그들에게 피부로 느끼게 해 주어야 한다. 그러기 위하여 장애인을 위하여 그들이 이해할 수 있도록 개념화된 단어나 표현을 사용해야 한다.

한국 교회공동체의 예배에서는 장애인이 많은 부분 소외되어 있다. 오히려 장애인을 돕는다는 차원에서 비장애인과 함께 예배할 수 있는 기회를 박탈하여 왔다고도 할 수 있다. 그런데 여기에 문제가 있다. 완전히 분리하여 운영하는 장애인교회는 어려움이 많이 있다. 우선, 분리된 장애인교회는 일반적으로 사회나 교회공동체로부터 고립된 집단이 되어, 언제나 소외된 상태에 있으므로 사회 통합에 저해가 된다. 또한 비장애인들은 그 교회공동체에 나아오지 않으므로 교회성장에 한계가 있고, 경제적인 자립이 어려워 계속해서 남의 도움을 받아야 함으로써 교회공동체의 안정감이 없다. 자원봉사자의 도움이 필요할 때 손쉽게 도움을 받을 수 없는 단점도 있다. 그러나 가장 큰 문제는 예수님이 구분하지 않았다는 것이다. 장애인만이 모이는 교회는 바람직하지 못하다. 그렇다고 장애인을 비장애교회학교에 포함시켜 함께 예배한다고 통합교육을 통해 얻고자 하는 혜택을 기대할 수 없다. 오히려 부정적인 인식만을 조장할 수도 있다. 체계적인 교육프로그램을 개발하고 실시해야 하며, 그러한 프로그램을 운영하기 위해서 교사나 운영책임자, 기타 많은 관련자들의 준비가 필요하다.

5.
장애인과 함께하는 한국 교회공동체의 디아코니아

한국 교회공동체는 결국 새로운 시대의 도전 속에서 하나님이 우리에게 제시해 주시는 사명을 감당하지 못하면 급속한 쇠퇴의 길로 걸어가게 된다. 이제 사회 현상을 직시하고 하나님의 자녀로서 우리에게 맡겨진 사명을 감당해야 한다. 이에 교회공동체가 지금까지 감당해 온 전통적인 사역들을 재점검하면서 나가야 한다. 필자는 하나님의 형상으로 창조된 장애인을 어떻게 구체적으로 도울 수 있는지 찾아보고자 독일에서 실제적으로 경험하고 연구한 장애아동에 대한 조기교육과 통합교육에 대하여 건강한 사례를 제시하고자 한다. 나아가 교회공동체에서 장애아동과 가족에 대한 상담, 그리고 장애인과 비장애인이 함께하는 통합예배의 중요성을 소개하고자 한다. 그 이유는 교회공동체가 장애인에 대한 인식의 변화시킬 수 있는 매우 중요한 장소이기 때문이다. 끝으로 교회공동체에서 조기교육을 위한 통합유치원을 운영할 수 있도록 구체적인 운영방법 및 프로그램을 소개하고자 한다. 물론 통합유치원을 운영하는 데 여러 문제점이 있다. 이에 바람직한 제안과 최근 독일에서 실시하는 치료방법들을 소개하고자 한다. 본서를 통하여 구체적인 도움이 장애인과 그 가족에게 이루어지기를 바라며 교회공동체의 디아코니아가 많이 살아나기를 기대한다.

1.
조기교육과 통합교육

유치원에 들어가기 전, 0세에서 3세까지의 아동을 교육하는 것이 조기교육이다. 그러므로 이에 대한 개념정리가 필요하다. 따라서 조기교육 발전의 역사를 소개하고자 한다. 물론 통합교육이 모두에게 맞는지의 여부는 지속적인 연구가 필요하지만, 조기교육 못지않게 통합교육이 장애아동에게나 비장애아동에게 중요하다. 필자는 이 부분을 구체적으로 본장에서 소개하며 통합교육의 방법론을 소개하고자 한다.

(1) 조기교육

한국 사회가 2000년대에 들어와서 각종 장애인을 위한 법이 개정되었고 조기교육에 대한 여러 가지가 새롭게 만들어졌다. 그러나 문제는 그것이 전체가 아닌 일부분이라는 것이다. 또한 외형적인 것이지 실제로 시행은 안 되는 것도 많이 있다. 장애인복지법에는 1장 7조 '보호자에 대한 배려'가 있는데 실제에 있어서 현실성이 부족하다는 것이다. 2장 15조에 의하면 조기발견을 위해 병원 PKU에서 신생아를 대상으로 의무적으로 실시하고, 보건복지 가족부에서는 장애유아들을 조기 발견하는 데 서비스를 제공하고 있다. 장애판정이 되었을 때, 그 부모와 장애아동을 위한 교육은 어떤가? 32조에 보면 장애아동을 위한 재활서비스가 있다고 한다. 부모에 대한 장애인 자녀를 키우는 데 필요한 정보나 교육은 개인적으로 이루어지고 있다. 이는 법이 없어서가 아니라 한국인의 장애인에 대한 인식의 부족으로 드러내 놓고 교육을 받으며 정보를 교환하는 일이 쉽지가 않다.

물론 요즘에는 부분적으로 장애인 부모끼리 모임을 만들어 운동을 하고 있기도 한다. 이런 모임이 지속적으로 잘 유지되도록 교회공동체가 이들에게 모임을 갖게 해 주고 전문가를 연결하여 구체적인 도움을 주어야 한다. 부모 혹은 장애인 가족들 역시 많은 부분에서 아픔을 갖고 살아가기에 이들에 대한 관심이 필요하기 때문이다. 34조 35조에 보면 장애아동에 대해 생활비가 보조된다고 하는 법이 있지만, 실제로 보조비가 생활수준에 따라 지급될 때에 전혀 경제적으로 힘이 없는 사람이 아닌 경우를 제외하고는 도움을 받을 수 없다. 여기에는 여러 가지 이유가 있을 것이다. 이런 점에 필자는 조기교육의 중요한 개념과 목적을 소개하고자 한다.

A. 조기교육의 개념

1973년 독일 교육위원회의 권장 사항에 따라 조기교육 담당은 두 전문 분야로 나누어진다.

먼저 '조기지역 센터$^{Sozialpaediatrische\ Zentren}$'라 불리기도 하는 조기진단과 조기치료를 위한 의학적인 기관들, 그리고 지역의 조기지원센터가 있다. 지역의 조기지원센터를 통해 일차적인 교육적, 심리적, 사회적인 분야의 도움이 일상생활과 연계되어 중점적으로 진행되는 동안 전문의들을 통한 의학적인 조기진단과 의학적인 치료 서비스들은 조기지역센터의 전문 의료기관들을 통해 이루어진다. 연구 결과에 의하면 장애인이 가지고 있는 장애는 이른 시기에, 일관성 있게 적용되는 서비스들을 통해 장애의 그 정도가 약해지거나 경감될 수 있고, 또한 1차적인 장애로 인한 2차, 3차의 장애를 예방할 수도 있다고 한다. 그러므로 일찍이 조기진단과 조기치료의 개념이 관심의 중심이 되어 왔으며 이것은 장애인의 부모를 위한 조언의 중심 역할이 된다.[63]

그러나 전문의료기관의 의학적, 치료적 분야에만 지나친 중점을 두는 사고 성향은 교육학적인 관점에서 보는, 포괄적인 조기교육 원칙을 만족시킬 수 없다. 이는 의학적 접근이 훈련에 기초하는 조기지원의 형태로, 뒤쳐진 '기능'에 초점을 두고 제한되어, 여타의 교육적 효과는 점차로 사라지기 때문이다. 그런 의미에서 교육학적 조기지원에 있어 절대적으로 중요한 것은 전반적인 사회적 환경과 여러 분야의 전문가들의 초 학문적 교류를 효율적으로 접목하는 것이다.

이와 같은 취지에 기초하여 조기교육은 다음과 같이 정의할 수 있다.

"조기교육은 영아에서 3세까지 장애위험, 발달장애, 발달지체 등을 가진 아동과 그 부모, 또는 보호자를 위한 전반적인 도움이다. 조기교육의 과제는 조기발견, 조기치료, 부모를 위한 상담, 동반 등의 서비스로 나눌 수 있다.[64] 조기교육의 목표는 아동의 발달에 영향을 미칠 수 있는 위험을 가능한 이른 시기에 발견하고, 제공될 수 있는 다양한 서비스들을 통해 아동의 발달을 전인적으로 이끄는 것이다. 이는 아동에게 잠재 능력을 개발하고 바람직한 인격 형성을 할 수 있는 최선의 기회를 부여함으로, 그가 속한 사회에서 스스로 자신의 삶을 결정할 수 있도록 할 수 있다."

---
63) Deutscher Bildungsrat, 1973. S. 23
64) Im weiteren Verlauf dieser Arbeit reden wir von Eltern, schliessen aber die Personensorgeberechtigten mit ein.

이 과정에서 최우선으로 고려되어야 할 것은 개인의 욕구와 능력이다. 이것을 바탕으로 아동의 독특한 필요와 삶의 조건이 다르다. 예를 들면 가족 간의 환경 등을 배려한 각 전문가들의 협력을 통해 아동을 위한 특별한 지원 서비스, 중점적인 지원 프로그램 그리고 지원 목표들이 뒤를 따르기 때문이다. 이 포괄적인 과제는 가족 중심, 전인적, 초 학문적 사회적 통합의 서비스 원칙이 일관성 있게 반영되어 의학적, 교육적, 치료적 그리고 심리적인 분야의 여러 전문 인력의 협력을 통해서만 성과를 거둘 수 있다. 기본적으로 부모와 아동을 위해 제공되는 서비스들은 '스스로 도울 수 있는 도움'으로 이해되어야 한다. 이는 그 가족이 전문적인 지원 없이 얼마나 조기지원의 목표에 접근하는가에 따라 서비스가 제한되어짐을 의미한다.[65]

지역사회연계, 가족연계의 조기지원 서비스 방식은 '가정중심조기지원' 사업의 중심 사안으로 개방적이고 융통성 있는 진행방식이다. 즉, 적용되는 조치들의 형식, 형태 그리고 빈도수는 아동과 부모의 필요에 따라 적절하게 부응해야 한다. 장애아동을 가진 각 가정의 독특하고 특수한 상황과 그에 따른 개별적인 요구들을 수용하고 적절하게 개입하는 것이다. 이것이 조기지원만의 특별한 강점이다. 일반적으로 한 주에 한 번 실행되는 순회조기지원 서비스는 여러 계층의 가정들이 경제적, 사회적인 어떠한 조건들에 구애받지 않고 이용할 수 있다는 장점이 있다. 이 서비스를 이용함에 있어 부담이 가중되지 않는다. 가정방문 조기지원은 아동이 자연스러운 환경, 자신이 안심할 수 있는 분위기 안에서 교육을 받음으로 외부인과 낯선 환경에까지 적응을 해야 하는 부담을 주지 않는다는 것이다. 더하여 이 서비스는 아동의 생활환경과 그 가족을 관찰하고 알아갈 수 있는 최상의 가능성을 제공한다.

놀이치료나 물리치료 등 장애아동이 직접 방문하여 치료를 받는 사설치료 센터는 비용 문제가 있어 경제적으로 어려운 가정은 받을 수 없다. 결국 저렴한 장애인복지관이나 시에서 운영하는 치료 센터에 많은 대기자가 몰려 있다. 목적에 맞게 잘 꾸며진 공간에서 다양하게 제공되는 놀이감과 그 놀이감을 이용한 활동 등을 통해 부모는 '놀이를 통한' 아동의 교육에 참여할 수 있다. 부모와 교사, 양측의 피드백은 연장되어질 가족 내에서의 놀이환경에 변화를 가져올 수 있으며 교육에 부적절한 조건

---

[65] Bundesministerium fuer Arbeit und Sozialordnung 1998/5, Sohns 1998/23, Vereinigung fuer interdisziplinaere Fruehfoerderung e.V. o.J., 1, Speck 1996/16.

들이 감소될 수 있다. 부모에게 장애아동과 함께 생활하는 데 필요한 도움, 조언 등을 줄 수 있다. 또한 기관에는 풍부한 놀이감과 교재가 구비되어 있고 필요에 따라 추가로 전문가가 투입될 수 있다. 이러한 시설을 이용함에 있어 각 가정은 자신들과 비슷한 문제점을 가진 다른 사람들을 만날 수 있는 기회가 주어지기 때문에 소외감과 같은 감정에 대처할 수 있다. 이러한 형태의 조기교육은 저렴하며 교통비나 시간 등을 절약할 수 있다. 기관에서 교육이 이루어지기 때문에 교육에 지장을 주는 가정 내의 불안한 환경 등의 부정적인 영향을 받을 필요가 없다.

B. 조기교육의 목적

조기교육이란 0세부터 3세까지 유치원에 들어가기 전 장애아동에게 실시하는 교육이다. 조기교육의 목적은 장애아동에게 적용되는, 일반적으로 정의되는 교육목표에 가능한 한 접근하는 것이다. 아래의 항목은 조기교육의 목적을 위해 기본적으로 중요한 관점들이다.

* 자아실현을 위한 능력
* 개인 능력 개발
* 자립적인 생활 능력의 지원
* 사회집단 속의 한 구성원화를 위한 능력

     장애아동이 자발적으로 할 수 없는 상황이라면 조기교육의 일환으로 외부에서 자극과 조절을 해야 한다. 이는 앞으로의 교육과 실천을 위한 바탕이 될 수 있도록 아동의 기본적인 경험을 강화하는 것이다. 어떠한 손상으로 인해 주도적 활동을 할 수 없는 아동의 경우 심리사회적발달(감각, 운동, 정서, 의사소통 - 특히 언어기능 - 등의 측면에서)을 저해하는 요소들을 정지 또는 최소화하기 위해 발달을 자극하기 위한 적절한 서비스들이 제공되어야 한다. 헤세(Hesse)는 조기교육의 목표를 장애아동의 개인적, 사회적인 삶에 있어서 가능한 한, 장애로 인한 영향을 적게 받을 수 있도록 하는 것으로 정의한다.[66]

     조기교육이나 조기상담은 사람들과의 연합을 통해 제공하고 있다. 연합하는 대상은 소아과의사 혹은 전문의, 치료사, 교육분야 종사자, 정부기관 담당자 등이다. 그

---

66) Josep Josep, Fruehrziehung bei geistig behinderten und entwicklungsverzoegerten Kindern, Berlin 1971

리고 사회봉사단체, 병원, 혹은 정당이나 정치단체, 시각장애, 청각장애를 위한 조기교육기관들 그리고 지역 내 혹은 지역 밖의 일의 영역이다. 여기에는 많은 전문가들이 참여하고 있다. 조기교육은 이 외에도 치료시간에 참여, 소아과에 갈 때 동행, 병원에서 의사와 마지막 결정을 지을 때 함께 동행하는 일들을 같이한다. 조기교육 그리고 조기상담은 아동이 학교에 입학할 때까지 도와준다.

C. 조기교육의 역사

독일의 조기교육 역사를 보면 장애인에 대한 인식은 한국처럼 좋지 못하였다. 1800년경 자료에 의하면 장애인은 교육의 가능성이 없다고 생각했으며 삶의 가치를 인정하지 않았다. 이런 사회에서 장애인은 운명적으로 배척되었다. 장애인은 때때로 미신적 도움에 의지하기도 하지만, 결국 치유의 희망은 없었다. 결국 1800년경 장애인은 사회에서 기피 대상으로 인정받지 못하는 삶을 살았다.

이런 가운데 프랑스와 스위스의 철학자인 루소$^{J.J\ Rousseau,\ 1712-1778}$는 문화평론가로서 강하게 유럽인의 의식에 영향을 주었다. 그는 어린이의 천성과 타고난 성격을 중시하는 이념을 담아 교육소설 ≪에밀≫$^{Emil,\ 1762}$을 발간하였다. 그의 사고는 장애인 교육에도 영향을 주었다. 루소로 말미암아 특수교육 분야가 만들어져 장애인에게 적합한 교육이 주어졌다. 그뿐만 아니라 페스탈로치$^{Pestalozzi\ 1746-1827}$ 역시 장애인 교육을 실행하는 데 영향을 준다.

이러한 일들이 시작이 되어 1839년 빌헬름 하르니쉬$^{Wilhelm\ Harnisch}$는 청각장애, 시각장애 그리고 지적장애인을 위한 특수학교를 세운다. 1900년 중반에는 장애아동에 대해 교육적, 심리적 그리고 의학적으로 관심을 갖게 하며, 그에 따른 교육법과 지방자치정책을 세운다. 이 시기에 많은 지적장애, 간질병 수용소가 생겨났고 의사의 치료와 보조를 받게 된다. 1820년에 청각장애 선생 바이제$^{T.Weise}$는 3~5살 때가 조기교육을 하기에 중요한 시기임을 인식하고 조기교육의 중요성을 말한다.[67] 여기에 교육자 코메니우스$^{Comenius,\ 1592~1670}$와 유치원의 창시자 프뢰벨$^{Froebel,\ 1782~1852}$이 참여하며, 장애인의 조기교육과 통합교육의 중요성을 언급하였다. 이들은 어린이

---

[67] O. Speck, Frueherkennung und Fruehfoerderung behinderter Kinder, in: Deutscher Bildungsrat (Hrsg.): Gutachten und Studien der Bildungskommission, Bd. 25, Sonderpaedagogik 1,2. Auflage, Stuttgart 1975, S. 112

는 성인의 축소물이 아니라 어른과 다른 존재로서, 그들 나름의 독자적인 심리적 과정에 의해 생활하고 있으며 따라서 그에 맞는 교육을 제공해야 한다고 주장했다.[68]

이러한 것을 계기로 1928년 라이프지히^{Leipzig}와 1930년 퀼른^{Koeln}에서 조기교육과 조기치료에 대한 긴급상황이 토론되고 그와 함께 첫 번째 특수유치원을 조직했다. 이것으로 인해 독일의 모든 교육이 의무교육으로 법적인 결정이 이루어졌고, 더불어 읽기, 쓰기, 수학 그리고 종교수업이 의무화되었다. 학문적인 노력과 함께 사회보장제도를 조직화하여 장애인을 위한 삶의 가치 환경을 높이도록 1900년 말에는 사회보장을 협의한다. 그 결과 1883년 병 보험, 1884년 사고보험, 1889년 장애와 노년 보험법[69]이 제정된다. 이 보험을 기본으로 사회의 문제점을 극복하며 사회보장법이 만들어진다. 2000년 중반에는 중요한 사회보장제도와 장애인 구제제도가 독일에 정립되었다.

그러나 독일은 아픈 역사가 있다. 아돌프 히틀러$^{Adolf\ Hitlers}$는 자신의 책 《나의 투쟁》$^{Mein\ Kampf}$이란 책을 통해, 후에 계획된 안락사 계획서에 대해 공개적 발표했다. 국가건강대비보호방책을 위해 1933년 6월 14일 유전병 예방법을 제정했다.[70] 그리고 1933년에서 1945년 사이의 독일 나치정권의 유아살해는 가장 극단적인 부정행위였다. 바이마르^{Weimar}공화국의 붕괴와 높은 실업률 그리고 세계적인 경제공황 등 그 당시 위기상황들은 민족사회주의자들이 정권을 장악한다. 사회주의 국가에는 새로운 국가 사회주의 독일노동당이$^{NSDAP:\ National-sozialistische\ Deutsche\ Arbeiterpartei}$ 조직되었다. 독재자 히틀러는 인간을 두 부류로 분류하였다. 약한 사람을 도태시키고 단지 강한 사람만이 생존하도록 허용한다. 건강한 사람과 병든 사람의 한계점을 명백히 정하였다. 모든 학생은 보건소에 신고[71]해야 한다. 50퍼센트의 학생이 불임수술을 행했고, 특수한 경우에는 사살까지 당했다. 1933년 6월 5일에는 불임법이 제정되었다. 이 불임의 대상은 출생 시 정신적 결함, 정신분열증, 광적, 우울증, 정신착란, 시각장애, 청각장애, 간질병 그리고 신체장애인[72] 등이 해당한다. 또한 1939년 8월 18일에는 출

---

68) 신민선, 박용순, 《기독교와 아동복지》, 서울: 예영, 2003, p.21
69) W. Jantzen, Sozialgeschichte des Behindertenbetreuungswesen, Muenchen 1982, S. 50
70) vgl. Dieter Janz, Die Propulsiv-Petit-Mal Epilepsie, Basel 1995
71) vgl. Manfred Hock, Die Hilfsschule im Dritten Reich, Berlin 1979
72) vgl. Klee E., Euthanasie im NS-Staat, Frankfurt am Main

생 신고를 의무적으로 행하게 했으며, 그 후 의무 신고가 3세부터 16세까지 행해졌다. 산파, 주치의 그리고 소아과의사의 진단서의 기본 결정에 따라 아동을 살해했다. 그 결과 장애인이나 노인들은 노동 능력의 상실로 인하여 전쟁인력으로 동원될 수 없다고 가치 없는 목숨이 되어 강제적인 불임시술 및 안락사를 통하여 희생을 당하였다. 특별한 자리는 노동력이 있는 사람에게만 주어졌다. 나치정권 시대에 약 35만 명의 장애인이 강제로 불임시술을 당하고 30만 명 이상이 강제로 무참히 희생을 당하였다. 독일뿐만이 아니라 독일이 지배한 폴란드와 러시아에 사는 모든 장애인에게 해당된 일이었다.[73]

1958년 독일에서는 가장 큰 장애인 단체가 만들어진다. 그것은 레벤스힐페^{Lebenshilfe}이다. 필자가 레벤스힐페의 책임자가 되는 바켄도프^{Wachendorff}와 편지를 통하여 알게 된 것은 나치 시대의 잘못을 통한 부끄러움의 고백으로 순수하게 장애인 부모들이 이 당시 모여서 아무 도움도 받지 않고 이 단체를 시작하였다고 한다. 현재 이 기관이 독일에서 가장 크게 발전하였다.

1966년 본^{Bonn}에서 토매스$^{J.\ Thomaes}$는 정신지체장애아동 조기교육을 위하여 유치원을 가기 전 나이인 2세부터 3세까지의 어린아이들을 위한 조기교육 시설을 만들었다. 토매스는 어릴수록 조기교육이 중요하다고 주장하였다. 또한 장애아동 부모도 어떻게 자녀를 도울 수 있는지 배워야 한다고 말하였다.[74] 1971년 독일에서는 의사들이 장애 가능성이 있는 아이들을 이 유치원에 보내어 조기교육을 시키게 하였다. 1973년 특수교육위원회는 이러한 조기교육 시스템을 긍정적으로 해석하였다. 이 당시 장애 여부를 판단하는 데에는 두 가지 방법이 있었다. 하나는 상담을 통하여, 다른 하나는 의학적인 방법을 통하여 발견하였다.

현재 독일에는 전국적으로 약 850개의 조기교육 시설이 있고, 그중 650개는 교육적 측면에서 조기교육을 실시하는 곳이다. 독일 연방국가에서는 처음으로 1974년 바이에른^{Bayern}주에 장애아동의 조기교육을 위한 경제적 도움을 제공하였다. 이러한 조기교육의 제도가 바이에른^{Bayern}주에서 성공을 거두자 1975년 9월 17일 바덴 뷔르

---

73) 김기홍, 《장애인에 대한 사회적 태도》, 서울:홍익재, 2003년, p.32-33
74) I.Thomae, Modell versuch der Lebenshilfe Bonn zur Fruehfoerderung, in: ZS Lebenshilfe, 9.Jg., H.1/1970, S. 7

템베르그$^{Baden-Wuerttemberg}$주에서 바이에른 주와 비슷하게 장애아동을 위한 시설이 만들어져 장애아동이 특수학교로 갈 수 있었다. 독일은 지난 25년 동안 조기교육이 계속해서 개선되고 안정되게 성장이 되었다.

D. 조기교육의 과제
종합적 시스템인 조기교육은 아동과 가족의 개별적인 요구와 가능성을 바탕으로 한 여러 종류의 계획과 과제들이 수반되어야 한다. 이 과제에는 특별히 다음의 사항들이 포함된다.
* 조기발견
* 진단
* 아동지원
* 부모지원
* 가정 방문
* 네트워크화된 서비스
* 대외 홍보

조기교육의 포괄적인 서비스는 여러 분야 전문가들의 협력을 통해서만 실현될 수 있다. 이것은 장애아동의 긍정적인 발달을 장려하는 여러 요소들이 전문적인 이론과 실천의 상호 관계를 통해 고려될 수 있기 때문이다. 효과적이고 적합한 서비스는 다양한 실천 방안들이 협력체계를 구축함으로써 가능해질 수 있다. 장애아동과 그 가족의 다양한 요구는 조기지원 과정에 참여하는 전문가들로부터 그 요구에 적절한 조치를 받을 수 있도록 인지되어야 한다. 이러한 이해를 기초로 조기지원 사업을 위해서는 여러 전문가들 사이의 서로에 대한 신뢰뿐만 아니라 각자 전문 분야의 서비스 계획에 있어서도 탄력적인 적용이 필요하다.

+ 조기발견
장애아동의 신체적, 사회적, 정서적 그리고 심리적 장애위험 가능성 또는 손상을 제때에 발견하는 것은 교육프로그램을 착수하기 위한 전제조건이기 때문에 조기발견은 특별한 의미를 갖는다. 임신 중 정기적인 예방검진이나 장애위험성을 가진 영·유아의 특별히 집중된 관찰은 발달지체나 발달위험을 조기에 알 수 있게 해 준다. 이 과제는 의사들[75], 특히 소아과의사뿐만 아니라 유치원교사 그리고 부모들에 의해서도 이루어져야 한다.[76] 장애유아의 치료를 통한 개선 가능성에 대한 기대가 1970년대에 비해 크지 않을지라도 여러 발달에 도움이 되는 지원을 영·유아기에 받았을 때에 효과적이라는 사실은 논쟁의 여지가 없다. 발달장애를 알아내고 그에 따른 적절한 지원프로그램의 적용이 빠르면 빠를수록, 이어지는 발달에 대한 기대는 더 클 수 있다.[77]

+ 진단

'진단'없이는 조기교육 서비스가 진행될 수 없기 때문에 진단은 중요한 기본이라 할 수 있다. 또한 전반적인 진단은 단지, 발달상의 결함만으로 할 수 없기 때문에 여러 분야 전문가들의 협력을 통해 아동의 능력, 주위환경 그리고 가족관계에 대한 관점들이 반영되어야 한다. 그리고 조기교육을 위해 처음 내려졌던 진단은 실행과정 중에서도 꾸준히 재고되고 수정되어야 한다. 뿐만 아니라 조기진단은 지속적인 과정이기 때문에 전문가와 아동의 정기적인 만남 또한 중요하다. 조기진단에 대해 독일의 레벤스힐페^{Lebenshilfe}는 "모든 분야의 전문가와 부모가 동등하게 진단과정에 참여해야 한다. 여러 전문가들이나 부모의 서로 다른 보고들이 평가모임 안에서 반영되어 전문적이고 책임 있는, 실질적인 프로그램이 선별 되어진다"라고 전제한다. 아동의 바람직한 인격형성은 아동과 관련된 모든 주변인의 협력을 통해서만 기대될 수 있다.[78]

+ 아동지원

직접적으로 아동에게 적용되는 조치$^{여러\ 활동,\ 치료,\ 특수\ 교육\ 등}$들은 신체적인 기능의 향상, 적절한 행동양식의 습득, 개인의 능력 발휘[79]를 지원한다. 발달지체, 장애 또는 장애위

---

75) Da im Fruehfoerderbereich ueberwiegend weibliche Fachkraefte arbeiten, sprechen wir der Einfachheit halber in dieser Arbeit immer in der weiblichen Form, schliessen aber die maennlichen Personen gleichermassen mit ein.
76) Klicpera Christian, Soziale Dienste, Anforderungen, Organisationsformen, Perspektiven, Wien 1993, S.184
77) Sohns Armin, Fruehfoerderung in Deutschland - Anspruch und Wirklichkeit. Fachliche und organisatorische Grundlagen von Fruehfoerderangeboten in der Bundesrepublik Deutschland und ihre Umsetzung in den einzelnen Bundeslaendern, Marburg 1998, S.89
78) Ebd, S. 10
79) Speck Otto, System Heilpaedagogik, Eine oekologisch reflexive Grundlegung, Muenchen 1991, S. 350

험아동과 그 가족들을 위한 조기지원 서비스 분야에는 교육적인 차원과 치료적인 차원 두 분야로 나누어 적용할 수 있다. 먼저 교육적인 측면은 부모와 전문가들을 통한 아동의 전반적인 발달과 정서적, 정신적 그리고 사회적 발달과 인격 형성을 이끌고 돕는 것을 목적으로 한다.

    이것은 단지 기능적 측면의 지원 프로그램이 아닌 아동에게 가능한 광범위한 상호 작용의 기회, 능력 발휘의 가능성 그리고 배움의 기회를 제공하는 실질적 관계를 목적으로 한다. 교육적인 측면과 함께 언어, 운동 그리고 감각의 서비스를 포함하는 치료적 측면(언어치료, 물리치료, 작업치료 등)이 조기지원 사업의 축을 이룬다. 위의 두 사항은 아동의 긍정적인 자존감을 자극하고 지지하기 위해 아동의 현재 능력과 장점에 기초하여 적용한다. 이것과 관련해서 특별히 주의해야 할 것은 '지금 현재 아동의 발달 정도에 맞추어' 서비스를 접목해야 한다는 것이다. 중요한 것은 전문가가 아동의 발달을 계획하는 것이 아니라 아동과 그 가족의 개별적인 상황에 따라 정해지며, 또한 지속적으로 알맞게 수정되어져야 한다. 전문적인 서비스는 아동의 일상생활에 동화되어야 한다. 공감대가 형성될 수 있는 조기지원 서비스는 전문가의 끊임없는 자기점검과 서비스에 대한 융통성을 필요로 한다.[80]

+ 부모지원

장애 또는 장애위험을 가진 아동의 부모들은 어려운 과제와 문제들에 자주 직면하게 된다. 이러한 이유로 교회공동체는 아동의 바람직한 발달을 가능하게 하기 위해서 부모를 위한 전문 인력의 조언과 지원이 필요하다. 특히 장애가 밝혀지는 초기에 각 가정 나름의 현실적인 근심과 곤경들로부터 도움을 줄 수 있는 준비된 전문 인력이 필요하다. 장애아동 또는 장애위험을 가진 아동의 출산과 함께 의존할 수밖에 없는 전문가는 대부분의 경우 부모들을 불안하게 하기 때문에 부모가 자신의 아이를 돌볼 수 있는 부모의 능력이 나타나고 의식되도록, 그래서 조기지원 서비스에 협력할 수 있도록 해야 한다. 특별한 문제나 자녀교육에 있어 의문사항들에 적절히 대응할 수 있고, 나아가 가족 전체가 받아들일 수 있는 가족 내 정서를 이루기 위해 부모지원 서비스

---

80) Sohns, Armin, Fruehfoerderung in Deutschland, a.a.O., S. 116

는 부모들에게 꼭 필요한 자질을 전달해야 한다.

    부모지원 사업의 목적과 과제는 부모의 잠재능력을 조기지원의 목표를 위해 활용하며 더욱 개발하는 것이다. 이 사업의 바람직한 경우는 부모의 관심과 조기지원의 목표가 일치하는 경우이다. 현재 부모지원 사업에 대한 이견들은 진행 형태에 대한 부모와 조기지원 서비스의 상호작용에 의해서 해결되어질 수 있다.

    이미 1973년 독일 연방교육위원회에서는 장애, 장애위험을 가진 아동과 청소년을 위한 교육적 지원에 대한 권장 사항 중 부모지원 서비스^{상담과 후원, 중재자 관계}의 중요함을 특별히 강조하였다. 교회는 이러한 사역을 위하여 이러한 일을 할 사람들을 준비시키고 도움을 줄 수 있는 병원, 치료사, 조기교육기관 같은 연계기관들을 잘 알고 있어야 한다. 부모 상담에서의 핵심과제는 부모로 하여금 생활과 교육에 있어 아동의 장애로 인해 야기되는 문제들을 건설적으로 해결해 나갈 수 있도록 돕는 것이다. 이 과정에는 부모가 아동의 장애를 현실로 받아들이고, 아동이 장애를 가지고도 역량 있는 삶을 살아갈 수 있도록 도와줄 수 있는 협력자로 부모를 돕는 것도 포함된다. 더하여 장애의 종류와 범위에 대한 전문적인 정보, 법적, 사회적 권리에 대한 상담 또한 중요하다. 마지막으로 부모지원 서비스와 관련해 기타 외적인 보조 서비스들로 가족의 부담을 줄여 줄 수 있는 서비스, 같은 상황의 부모들과의 모임, 외적인 도움을 줄 수 있는 기관들, 요양에 대한 가능성과 권리 등을 위한 상담과 같은 것들이 있다.[81]

+ 가정방문

가정방문 서비스는 다음과 같은 강점이 있다. 어떠한 상황이나 이유들로 인해 전문기관에서의 교육에 참여할 수 없는 많은 장애아동들에게 접근할 수 있다. 가족 내 현실이 배려되고 서비스에 접목되어질 수 있다. 가족 내 구체적인 상호작용을 통해 장애아동을 대하는 부모 또는 가족의 태도가 그 자리에서 관찰되어질 수 있으므로 교정도 가능하다. 장애아동은 자신에게 안정감을 주는 익숙한 환경에서 서비스를 받을 수 있다. 즉, 익숙한 환경에서 부모와 조기교육 교사를 대할 수 있다. 가정 내에서 진행된

---

81) Bierbach Steinebach, Die neue Komplexitaet. Grundbegriffe der Fruehfoerderung. In: Finger, Gertraud und Steinebach, Christoph(Hrsg.): Fruehfoerderung, Zwischen passionierter Praxis und hilfloser Theorie, Freiburg 1992, S. 45

진단은 장애아동의 행동이 두려움이나 불안 등의 영향을 받지 않고 자연스러운 환경에서 나온 행동들이기 때문에 신뢰할 수 있는 결과를 내놓는다. 부모나 형제 등 가족 구성원을 더 잘 알 수 있는 기회를 제공한다. 기관에서 이루어지는 서비스 경우 자주 일어나는 문 앞의 '다음 차례'라는 시간의 구애를 받지 않는다. 음식 섭취에 따르는 어려움 등 가정 내에서만 관찰이 가능한 특별한 상황의 문제들이 그 자리에서 관찰되어질 수 있다.

부모의 치료기관 방문으로 인해 소요될 수도 있는 시간이 절약됨은 물론, 그 시간에 다른 형제, 자매를 다른 곳에 맡겨야 하는 문제들이 줄어든다. 외래치료기관에서는 자주 장애아동이 연이어 짜여진 치료시간표들에 의해 물리치료사, 작업치료사 등이 쉼 없이 다른 사람들을 대해야 하는데 이 서비스에는 그러한 문제가 없다. 많은 부모들에게 익숙한 가정환경 내에서의 상담이 더 편안하며 특히 어머니의 상황을 옳게, 객관적으로 평가할 수 있다.[82]

장애아동에게 학습동기를 부여하고 지원하며, 부모의 기대감을 지지하기 위해 기본적으로 가정방문 서비스의 장점이 육성되어져야 한다는 것을 결론적으로 확인할 수 있다. 또한 아동의 발달에 따른 변화를 선명하게 보여줄 수 있고 그에 따라 연결되는 서비스를 구체적으로 계획하기 위해서는 일관성 있게 적용된 활동들과 학업성취가 체계적으로 기록되어야 한다. 매 활동 계획은 개인의 수준에 따라 개별적으로 적용되어야 하기 때문에 교사는 서로 다른 역할 분야의 정상적인 발달에 대한 지식을 숙지하고 있어야 한다. 그리고 적용되어지는 지원 프로그램은 일관성 있게 지속적으로 실행되어야 한다. 활동들이 각 역할 분야에 걸쳐 연계되어 진행되는 것은 아동이 발달 수준에 따라 과제를 잘 이행할 수 있도록 한다. 활동들은 어떠한 강제성도 띠지 않고 아동의 경험과 놀이에 접목되어야 한다. 활동 과정 중 아동의 기쁨과 능동성을 더 지지, 자극하기 위해 성공체험들을 할 수 있는 활동들을 계획한다.

필요에 따라 가정방문 서비스에 특별한 과제성취를 위해 전문가들, 즉 심리치료사, 언어치료사 등을 참여시켜야 한다. 각각의 아동에 따른 개별화된 조기교육을 실행함에 있어 교육가들과 여러 분야 전문가들 간의 협력은 꼭 필요한 것이다. 그렇

---

82) Korte K, Aufbau der paedagogischen Fruehfoerderung in Bayern. In: Speck O, Fruehfoerderung entwicklungs gefaehrdeter Kinder, Muenchen 1977, S. 125

게 함으로써 각각의 개별적인 교수목표에 부응할 수 있도록 최선의 적임자가 그 활동을 담당할 수 있다. 이 지원을 위해 전문가들 사이의 지속적인 협력이 전제조건임은 말할 필요가 없다.

가정방문을 통한 조기교육의 실행에 있어 고려해야 할 것은 매 가정방문은 잘 준비되어야 하며, 훈련들은 체계적인 계획을 가지고 아동 및 부모와 함께 진행되어야 한다는 점이다. 훈련의 목표는 너무 높지 않고, 단기간에 그 성과를 이룰 수 있는지 고려되어야 한다.

(2) 통합교육

한국 사회에서도 법으로 모든 국민에게 능력에 따라 적절한 교육받을 권리를 부여하고^{헌법 제31조} 있으며, 아울러 장애아동과 그 보호자가 교육환경을 선택할 수 있도록 규정함^{특수교육진흥법 제 11조, 동법 시행규칙 제 3조}으로써 교육권을 보장해 주고 있다. 특히 통합교육이 진흥법에 규정됨으로써 정부가 장애아동을 일반교육 환경에서 교육하려는 의지를 표명하고 정책적으로 접근하게 된 중요한 계기가 되었다. 이는 우리나라의 특수교육이 분리교육을 통한 교육기회 확대 차원을 떠나 통합교육을 지향함과 동시에 아동 개인의 교육적 요구를 적절히 보장해 줌으로써 특수교육의 질적 향상을 추구하려는 정책적 주요 전환점이 되었다. 그러나 실제적인 면에서는 많은 부분이 쉽지가 않다. 통합교육을 실시하고 있는 곳이 일반적으로 사립학교이고, 그 수도 적기에 장애인 가족이 감당하기에는 경제적인 어려움이 있으며, 인식 부족으로 많은 교육기관에서 제대로 된 통합교육을 피하고 있다.

한국 사회에서의 통합교육 역사를 살펴보면 1894년 선교사 로제타 셔우드 홀 R.S.Hall 여사에 의해 우리나라에서는 처음으로 시각장애인을 위한 통합교육을 실시하였다. 이 당시 통합교육은 기초적 수준이었다. 그 후 1970년대를 지나오면서 일반학교 안에서의 통합교육이 시작되었는데, 이 당시에는 특수학급은 학습부진 학생들을 일반학급으로부터 분리하여 교육하려는 의도가 커서, 현재 논의되고 있는 통합교육의 개념과는 차이점을 가지고 있다. 이처럼 한국 사회에서는 통합교육이 자리매김을 잘 하지 못하였다.

또한 통합이란 용어에는 'Integration'과 'Inclusion'이 있다. 두 단어 모두 같은 뜻이지만, 그 의미에는 차이가 있다. 이 두 단어의 가장 큰 차이는 통합교육을 'Integration'으로 표현하던 통합교육의 초창기에는 일반교육과 특수교육의 이원화된 체계를 그대로 인정하는 가운데, 장애아동을 일반교육환경에 맞추어가는 의미에서의 통합이었다. 그러나 통합교육을 'Inclusion'으로 표현^{대략 1980년 후반 이후}하면서 부터는 특수교육과 일반교육의 이원화된 기존의 체계를 지양하고, 일원화된 체계로 병합해 나가려는 지향성을 가지고, 일반학교 혹은 교육체계 전반적으로 다양한 욕구를 지닌 모든 학습자들의 욕구를 충족시켜 나가기 위하여 변화해 가는 노력으로 묘사할 수 있다.[83]

이러한 현실적 요구와 상황 및 법적 근거를 바탕으로 교육과학기술부에서의 통합교육에 대한 본격적인 논의는 1994년 특수교육진흥법을 전면 개정하면서부터 이루어졌다. 그리고 1996년 말 '특수교육 장기 발전 방안'을 발표하였다. 발표된 내용 가운데 중요한 과제 가운데 하나는, 분리교육 중심의 체제를 통합교육 중심의 체제로 전환하고, 모든 장애아동들에게 적절한 특수교육을 제공하려는 정책을 수립했다는 점이다.

구체적인 내용을 보면 2001년 9월에는 특수교육진흥법시행령 중 특수학급 설치기준이 새롭게 개정되어 2002년 3월부터 특수교육대상자 1명을 위해서도 특수학급 설치가 가능하도록 개정되었다. 그 방법으로 지금까지 운영되어 오던 시간제특수학급의 대안으로 학습도움학급을 도입하기로 하였다. 이와 같은 의욕적인 정책을 수립함으로써 각 분야에서는 우리의 실정에 적합한 통합교육의 개념, 모형 및 적용 방법에 대한 논쟁을 불러일으키게 되었고, 나아가서 보다 더 체계적인 연구와 검토를 통해 정책을 뒷받침할 수 있는 근거를 요구하게 되었다.

그런데 여기서 중요한 점은 사회는 이처럼 변화하고 있는데 교회공동체는 그렇지 못하다는 것이다. 사실 앞서 말했듯이 교회는 사회복지 부분에 언제나 앞장서 왔다. 한국 사회의 통합교육 역사를 보면 한국에 들어온 초기 선교사들은 의료활동과 교육활동을 통합하여 실시하였다. 선교사들은 광혜원, 제일정동병원, 평양기홀병원,

---

[83] 박승희, 《한국장애학생 통합교육》, 파주:교육문화사, 2008,p.25
[84] 대한특수교육편, 《특수교육의 개혁과제》, 서울:도서출판 특수교육, 1992년, p.95

제중병원 등의 여러 병원을 설립하여 의료선교활동을 하였는데, 이러한 의료활동을 통해 선교사들은 한국 사회에 쉽게 접근할 수 있었다. 그러므로 한국 사회에서 장애인을 위한 복지와 교회공동체는 불가분의 관계이다.[84]

평양에서 부인병원과 한국 최초의 간호학교를 설립한 감리교 선교사인 로제타 셔우드 홀[R. S. Hall] 여사가 1894년 처음으로 시각장애를 가진 소녀에게 점자교육을 통한 재활교육을 실시한 것이 근대 한국의 특수교육의 효시이자, 장애인복지선교의 효시가 되었다. 물론 그 전에 삼국사기의 신라 유리왕 때 장애인, 과부, 고아에 대한 구제의 보호사상이 있었다. 그리고 조선 시대 서당교육의 훈육방침, 정조 7년의 반휼전칙에서도 자비보호사상이 일찍부터 생활규범에서 엿보이고는 있으나, 역시 조선말 개화기에 서구문명의 수용 와중에 외국인 선교사에 의해 시작되었다.[85] 홀 여사는 평양에서 1894년 시각장애인의 점자를 한글과 한자의 맞춤법에 맞춰 '뉴욕식 점자'로 기도문 및 십계명 일부를 가르쳤다.[86] 그녀가 가르쳐 온 4명의 시각장애아동들을 평양의 정진여학교에 입학시켜 교육을 시켰다. 이것이 한국 사회의 최초의 통합교육이다. 시각장애여아에게 점자 지도와 뜨개질 등 직업교육을 별도로 실시하는 한편, 일반 정규교과목은 일반학생들과 함께 공부하게 하였다. 그 후, 1903년 평양여자맹인학교가 평양기홀병원 내에 정식으로 설립되어 교장에 홀 여사가 취임하였으나, 1907년 미국선교사 포르가 창립한 평양맹아학교와 합병하였다. 1903년에는 평양남자맹인학교가 창립되어 교장에는 마포삼열 선교사가 취임하였으나, 1914년 이 두 남녀 맹인학교는 평양맹인학교로 합병되었다. 또한 1897년에는 '불구아동을 위한 집'이 서울에 세워지기도 했다. 페리 양[Jean Perry]이 9명의 선교사들로 이사회를 구성하여 불구아동을 위한 집을 서울에 세웠다. 1901년에는 23명의 장애아동이 수용돼 있었는데, 그 가운데 남아가 19명이었다. 여기에서는 한글과 학문, 창가, 산술, 지리, 재봉 등 기초 지식을 가르쳤다. 이 후에도 선교사들에 의해 의료활동과 교육 및 재활활동 등을 통한 장애인복지선교가 계속되었는데, 모펫[S. A. Moffett] 부인은 한국 교회가 구성한 이사회와 함께 장애인들을 깨우치고 장애요인들을 극복시키기 위해 그들을 교화

---

85) 대한특수교육편, 《특수교육의 개혁과제》, 서울:도서출판 특수교육, 1992년, p.93
86) 대한특수교육편, 《한국특수교육 백년사》, 서울:도서출판 특수교육, 1995년, pp.104-112
87) 대한특수교육편, 《한국특수교육 백년사》, 서울:도서출판 특수교육, 1995년, pp.113-119

하는 작업에 나서기도 하였다.[87] 이 외에도 나병환자를 위한 복지사업이 비교적 활발하게 진행되었다. 1897년에는 부산나병원이 개설되었고, 1909년에는 선교사들에 의해 평양맹아학교가 설립되었다.

여기에서 아쉬운 점은 선교사들이 운영하던 사회복지시설들이 이후에 한국인들에게로 이양되면서 설립 때의 기본정신인 선교적 이념이 약화되었다는 점이다. 한국 사회에서 장애인과 그들을 위한 통합교육의 중요성을 가장 먼저 느낀 것이 교회였음에도 불구하고, 오늘날 교회 밖의 사회는 변하고 있는데 반하여 교회공동체는 변화에 민감하게 따라가지 못한다는 것이다.

통합교육을 실시하는 데 있어서의 어려움 가운데 하나가 경제적 문제이다. 요즘에는 사회적으로 다양한 사회복지시설이 잘 운영되고 있다. 그런데 정작 유치원에 자녀를 보내고자 하면 대부분 가정의 경제적 여건이 되는 경우에는 많은 비용이 드는 사교육에 의존하게 된다. 그리고 그러한 사교육을 받기 어려운 장애아동의 경우에는 특수교육을 받기 위해 1~2년 이상 기다려야 한다. 그와 같은 경비의 문제와 비장애인 가족이 원하지 않는 인식의 문제가 있다. 그리고 통합교육을 한다고 하지만 실제로는 많은 부분의 교육환경이 부족하다. 또한 전문 교육을 받은 교사가 준비되어 있지 못하다.

이런 상황에서 이 사역을 어떻게 해결해 나갈 수 있을까? 그 대안은 바로 교회공동체라고 생각한다. 국가가 모든 일을 감당하기에는 역부족이다. 그러나 교회공동체는 통합유치원을 운영하기에 아주 좋은 여건을 준비하고 있고, 때로는 유치원 운영까지는 아니라 하더라도, 주 중에 교회의 빈 공간을 활용하면 가능한 일이다. 그리고 주일에 수많은 사람들이 모이는데, 장애인과 비장애인 성도들이 함께 예배를 드린다면 모두에게 도움이 될 것이다. 교회공동체에는 많은 자원봉사자가 나올 수 있다. 국가와 교회 그리고 개인이 힘을 모아 이런 일을 할 수 있다. 먼저 교회공동체의 성도들 인식이 변해야 한다. 교회공동체는 목회자의 말씀과 교육훈련을 통하여 적극적인 홍보와 인식의 변화를 줄 수 있다. 하나님이 인간을 하나님의 형상으로 창조하였다는 말씀과, 서로 사랑하며 더불어 같이 살아가야 하는 주님의 명령을 바로 인식한다면 큰 변화를 기대할 수 있다. 따라서 한 교회의 목회자가 얼마나 큰 영향을 줄 수 있는

지는 다시 말할 필요가 없다.

교회공동체가 이 사역을 하는 데 있어서 조심해야 할 부분은 장애인과 비장애인이 서로 분리하여 살아가고 있는데 장애인 대상 부서를 만들어 그곳에서 별도로 예배하는 것은 바람직하지 않다는 것이다. 왜냐하면 장애인의 마음에 상처를 줄 수 있다. 교회공동체에는 다양한 아이들이 있다. 예수님이 그러한 다양한 아이들이 주님에게 오는 것을 막지 않으셨듯이 우리들은 그들이 주님께 가까이 오는 것을 도와야 한다. 평일에는 교회 공간을 활용하는 유치원에서, 주일에는 교회공동체에서 일괄된 교육의 목적을 갖고 통합교육을 실시한다면 좋은 열매가 있을 것이다.

통합은 '어떤 것을 통해 한 전체가 자신의 완전함을 유지할 수 있도록, 빠진 무엇인가를 합하고 채움으로써 완전하지 않은 전체를 완전하게 만드는 것'을 의미한다.[88] 일반적으로는 이것을 지적장애·발달장애인 또는 다른 여러 장애인들의 상황에 적용한다면, 통합이란 당사자들을 그들의 고립과 격리됨으로부터 빠져나오도록 하는 것이라고 이해할 수 있다. 통합의 목표는 유리한 조건의 사람과 사회적 약자 간의 수직적이고 계급적인 구조가 아닌, 서로 유기적인 관계로 연결되는 수평적인 관계이다.

그럼에도 불구하고, 통합의 정의와 관계된 확신에 있어 간과할 수 없는 것은, 여전히 통합의 개념에 있어서 셀 수 없이 많은 다의적 표현들과 이견들 그리고 논쟁이 서로 엉켜 있다는 것이다. '장애인을 위한 도움'의 집행이나 사회교육 등 비슷한 계통의 분야들조차도 자체적으로 또는 각 분야 공통의 통합에 대한 개념 정의를 개발하지 못하고 있다. 오퍼만$^{D.\ Offermann}$은 "통합에 대해 일치하는 학술적인 정의도 없고 지적장애·발달장애인을 사회의 구성원으로 어떻게 수용할 수 있는지에 대한 종류와 방법에 대한 공동의 기대도 없다"고 언급했다. 오퍼만은 이러한 서로 다른 태도의 원인은 기존 사회의 가치와 규범에 기초한 서로 다른 이상주의에서 발단된 것으로 본다. 이것은 서로 다른 학술 분야에서도 언제나 확인할 수 있는 것이다.[89]

인간간에게는 근본적으로 차이가 존재한다. 여기에는 기능과 지적 수준, 신체적 조건 등을 포함한 학습 성취 수준과 잠재능력 등이 포함된다. 교육이 갖는 가치의

---

88) Kastantowicz, Wege aus der Isolation, Heidelberg 1982, S.11
89) Dieter Offermann, Zur Theorie und Praxis einer ′ Integrativen Behindertenpaedagogik ′.
   In: Ulrich Kasztantowicz (Hrsg.): Wege aus der Isolation, Heidelberg 1982, S. 29

하나는 이러한 개인 간의 차이를 근본적으로 인정하면서 그러한 차이를 오히려 긍정적으로 개발하고 신장시키는 일이며, 결과적으로 조화롭고 건강한 사회 조직으로 발전시키는 일이다. 특수교육에서 통합교육은 장애아동과 비장애아동이 가지는 다양한 유형의 차이를 상호인정하고 각자의 특성으로 인식하면서 사회적 조화를 꾀하는 것이다. 이러한 점에 통합교육은 대상에 따라 다양한 형태로 이루어져야 한다. 어려서부터 이루어지는 통합교육은 결국, 그들이 자라서는 사회적 통합을 가능하게 한다. 궁극적으로 함께 살아가는 사회를 만들게 되는 것이다.[90] 이에 필자는 그러한 통합교육의 목적과 조직을 소개하고자 한다.

A. 통합교육의 목적

통합교육은 장애아동과 비장애아동이 학습 및 생활을 함께 함으로써 더불어 살아갈 수 있는 능력을 기르는 데 그 목적이 있다. 이러한 목적을 지향하는 교육환경에서는 아동이 지니고 있는 개인차가 차별의 근거가 아니라 다양성으로 받아들여져야 하며, 장애인에 대한 부정적인 인식의 변화를 줄 수 있어야 한다. 이러한 일을 위하여 가장 좋은 방법이 통합교육이다. 장애인이나 비장애인 모두에게 어려서부터 통합교육을 실시하는 것이 좋다. 어려서부터 비장애아동이나 장애아동이 서로 살아가는 방법을 알아가고, 서로를 인식하는 방법을 자연스럽게 배우도록 해야 한다. 통합교육을 통하여 장애인에게도 능력발전을 위한 기회를 주어야 한다.

오토 스팩[O. Speck]은 "통합이란 장애인이 자신의 능력과 가능성을 인지하여 인격 형성을 개발해 나가는 것을 의미한다"고 한다. 장애인은 통합교육을 통하여 부족한 능력을 발전시키고, 긍정적으로 삶에 대처할 수 있는 능력을 배움으로써 결과적으로 자아 정체성을 세워간다. 결국 장애인이 사회 집단의 구성원으로서 그 사회에서 요구하는 사회적 역할을 감담하는 것을 목표로 한다.

그럼에도 불구하고 많은 사람들이 통합교육을 염려한다. 비장애아동이 장애아동의 행동을 따라함으로 장애아동이 놀림의 대상이 될 수도, 비장애아동이 통합교육을 받다 보면 학습능력이 떨어질 것이라는 생각, 비장애아동이 우월감을 가지고 자기

---

90) 김남순, 《통합교육의 이론과 실제》, 파주: 교육과학사, 2008. pp13-15

보다 못한 다른 사람을 무시하는 행동을 보이거나, 학습의 환경이 어수선해지고 뒤떨어진다는 생각을 한다. 이런 점에서 일반 유치원에 의무적으로 몇 퍼센트는 장애아동을 받도록 한다고 하여도, 실제로 운영이 잘 안 되는 형편이다. 장애인들은 여전히 국가가 분명히 헌법으로 규정한 국민의 권리를 누리지 못하고 있다. 사회적인 시설, 의무교육에서도 제외되는 교육권의 박탈, 생계를 위한 기본적인 경제활동이 좀처럼 허락되지 않는 노동권의 제약 등의 어려운 환경 속에서도 장애인들은 하루하루 힘들게 살아간다.

그러한 가운데, 장애아동과 비장애아동의 통합교육 운영의 필요성을 강조하는 이들은 이야기하기를 오히려 장애아동을 돕는 과정에서 학습의 동기가 생기고, 남을 배려하는 것을 배우게 된다는 것이다. 또한 나와 다른 친구들의 존재를 알면서 어려서부터 장애인에 대한 편견을 갖지 않게 된다는 것이다. 그리고 어려서부터 다양한 경험을 하게 하는 것은 비장애, 장애 아이들 모두에게 사회성을 성장시키는 데 좋다는 것이다.

일반적으로 이해되는 통합의 목표는[91] 아래와 같다.

장애인에게 있어서의 목표
1) 개인적 격리로부터의 극복될 수 있다.
2) 자신의 욕구, 필요를 인지할 수 있다.
3) 자립과 자발적인 힘을 개발할 수 있다.
4) 학습 경험을 통한 행동 수정할 수 있다.

비장애인에게 있어서의 목표
1) 장애인이 가지고 있는 문제와 삶의 환경에 이해심을 가질 수 있다.
2) 장애인에 대한 수줍음과 거부감을 극복하고 자연스럽게 장애인을 대할 수 있게 한다.

[91] Schuchard, E., "Legitimation einer Arbeit mit Behinderten", in: E. Schuchard, Soziale Integration Behinderter, Bd. II, Reinheim 1982, S. 330-339

3) 장애인에 대해 가지고 있었던 부정적인 편견과 행동 양식 등을 버릴 수 있다. 비장애인이나 장애인 모두 같은 권리를 가지고 함께 살아가야 한다. 서로 다른 개성과 욕구를 가진 인격체로 서로 존중하고 이해하며 함께 살아가야 한다. 예를 들면 대외적이고 정치적인 일들의 진행에 있어서도 파트너로서 함께 영향력을 끼치며 연합하고 강한 공동체의식을 발달시키며 살아가야 한다.

B. 통합교육의 역사

통합교육은 1970년대 학술적인 분야에서 여러 각도로 심도 있게 다뤄졌던 주제이다. 국제적으로도 장애인을 위한 더 나은 치료법을 발달시키고 통합의 영역을 좀 더 쉽게 접근시키려는 노력들이 시도되었다. 1977년 장애인치료사 모니카 알리(Monika Aly)는 물리치료사로 근무하기 위해 1년 동안 이태리 플로렌즈에 머물렀다. 그곳은 1957년 이래 아드리아노 밀라니 꼼빠레띠 교수가 운영하는 곳이었다. 그녀는 이곳에서 배운 지식들, 즉 장애인을 대하는 꼼빠레띠 교수의 이론과 실무를 독일로 들여왔다. 그는 그때까지 주도적이었던 의학적 관점의 방법을 수정하기 위해 노력했고, 장애인의 통합 능력을 염두에 둔 더 좋은 결과를 끌어내기 위해 특수한 치료들과 예방조치들을 실행했다. 그의 목표들은 다음과 같이 정리할 수 있다.

1) 전문주의에서의 탈피
2) 아동을 치료객체로 나누는 사고에서의 탈피
3) 손은 작업치료사에게, 다리는 물리치료사에게, 그리고 입은 언어치료사에게란 시각에서의 탈피
4) 장애를 병으로 여기는 경향에서의 탈피
5) 사회에서 수용되고 통합되는 경향으로 나아가기

    이탈리아 역시 통합으로의 과정이 장애인시설, 요양소, 센터 그리고 사설기관 등을 통한 먼 길을 통해 진행되었지만, 교사들의 관점이 변하고 통합의 전망에 대한 장단점을 선명하게 드러내며 지속적으로 많은 아동들이 시립유치원에서 일반초등학교로 전환하는 것을 가능하게 하였다.[92] 1970~1980년대에는 특수교육 분야에 장애

---

92) Monika Aly / G. Aly/ M. Tumler, Kopfkorrektur oder der Zwang gesund zu sein, a.a.O., S. 14

인에게 적용 가능한 사회적 통합에 대해 많은 논의가 있었다. 그 당시 통합은 아주 이른 시기, 즉 영아기 무렵부터 시작해야 한다는 것에 대해서는 의견의 일치를 보였다.

1976년 독일 교육자문국$^{Empfehlungen\ des\ Deutschen\ Bildungsrates}$은 "시설수용은 보조적인 조치에 불과하므로 장애아동이 가정에 남아 있을 경우 전체 가족에게 큰 해를 입히거나 가족 구성원들에게 커다란 부담이 될 경우에만 장애아동을 시설에 수용하는 것이 바람직하다"라고 제언하면서 장애아동의 거취를 시설중심에서 가정중심으로 이동하는 정책의 변화를 권장하였다.

또한 미국 국회는 1975년 공법 94-142 장애인교육법$^{education\ for\ All\ Handicapped\ Children\ Act}$을 제정하면서 장애아동에 대해 최소제한환경$^{Least\ Restrictive\ Environment}$을 제공할 것을 요구하였다. 이로써 '장애인의 삶에 대한 정상화^{Nomalization}' 운동이 확장되었다.

'정상화'란 장애인에게 제한적인 삶을 제공하지 않고, 비장애인에게 제공되는 삶과 동일한 삶의 가치를 제공하자는 것이다. 이것은 이제까지 장애로 말미암아 다양한 삶의 기회를 제한받아 왔던 장애인에게 비장애인이 향유하는 삶의 기회를 제공함으로써 장애인의 삶의 질을 향상하자는 것이 목적이다. 이러한 정상화의 방향은 크게 교육 부문에서는 분리교육이 통합교육으로 확대되었고, 주거환경은 시설중심의 환경에서 가정 중심의 환경으로 지향되었다. 따라서 전문가들은 장애아동이 성장하는 삶의 중요한 장이 된 가정에 관심을 기울이게 되었다.[93]

이런 점에서 1970년대 후반과 1980년대에 걸쳐 독일의 헤센 주에서 처음으로 순수사립, 통합운영 방식의 유치원들이 출발했다. 1982년에는 헤센 연방주 사회부에서 '통합 유치원 그룹 내에서의 장애아와 비장애아의 상호 작용 과정'이라는 프로젝트를 시작하였다. 프랑크푸르트의 JWG대학의 특수교육을 위한 연구소가 학술적인 연구를 바탕으로 이 프로젝트를 위임했다.[94] 이 프로젝트를 시작하기 위해서는 아래와 같은 선결 과제들이 있었다.

1) 유치원 한 반의 규모는 어떠한가?

---

93) 최민숙, 《가족참여와 지원 2편》, 서울:학지사, 2007,p16
94) Kaplan, Rueckert, Garde u.a., Gemeinsame Foerderung behinderter und nichtbehinderter Kinder, Handbuch fuer den Kindergarten, Beltz-Verlag Weinheim und Basel 1993, S. 48

2) 각 반에 포함시킬 수 있는 장애아동의 수는 몇 명인가?

　한 명 또는 몇 명의 아동을 한 반에 포함시키는 것이 고려되었다.

3) 어떤 방식으로 서로 다른 상황의 통합반에 일반교사와 특수교사를 배치할 것인가? 그리고 아동의 수에 대한 교사의 수는 어떻게 조절할 것인가?

4) 어떤 종류의 치료가 동시에 개입되어야 할 것인가?

5) 어느 시간대에 이 실험 모델을 투입할 것인가?

　　위의 선결 과제들이 해결된 후, 1983년 헤센 주 사회부에서는 통합교육을 다년 1982년~1989년간에 걸친 시험기간과 그에 따른 법적인 토대를 가능하게 하기 위해 '통합 어린이집과 일반 유치원 내 통합 그룹'에 대한 방침을 공포하였다.[95] 1988년 봄에는 이미 헤센주에 77개의 통합그룹(한 반에 최대 15명, 그중 4~5명의 장애아동으로 구성되어 있는)이 생겼고 그중 3분의 2는 특수교육어린이집에서 운영되었다. 이 현상과 프랑크푸르트 대학의 평가를 바탕으로 1989년 선구적인 이러한 프로젝트는 대단한 성과를 거둔 것으로 인정되었다. 교육적인 원칙, 기본 조건, 지속적인 연수 그리고 교육계 전문인력들에 대한 트레이닝은 통합교육에 기여를 했다. 1990년에는 헤센 주정부 차원의 재정지원과 시험프로젝트를 통해 얻어진 경험들을 접목하여, 더욱 많은 통합유치원들이 설치되었다. 1996년 독일 내의 모든 3세 이상의 아동은 거주지에서 가까운 곳의 유치원에 입학할 수 있어야 한다는 아동·청소년법의 효력이 실행됐다. 이 법령으로 장애아동을 가진 부모들은 유리한 입장이 되었다. 거주 가까운 곳에 통합유치원이 없으면, 장애아동의 부모들도 장애인 시설은 조금 미비할지라도 일반유치원에 입학신청을 할 수 있었다.

C. 통합교육의 조직

장애인을 위한 교육 제도는 다음과 같은 연령대에 따라 구분된다.

조기교육 Fruehbereich 0~3 Jahre

기초영역 Elementarbereich 3~6 Jahre

학령기 Schulbereich 6~15/18 Jahre

　　교육제도의 조직에 있어 현재 취학 전 단계로 표시되는 3~6세는 기초영역으

---

[95] Kaplan, Rueckert, Garde u.a., Gemeinsame Foerderung behinderter und nichtbehinderter Kinder, Handbuch fuer den Kindergarten, Beltz-Verlag Weinheim und Basel 1993, S. 48

로 표시된다. 이 시기에는 무엇보다도 장애의 위험에 있거나, 사회적 약자인 아동들에게 유리한 출발 조건들을 마련해 주고, 더불어 취학을 준비하는 것으로 좌우된다. 이미 장애가 확정된 아동들은 이 시기에 특수학교로의 취학을 준비하게 된다. 장애인의 사회통합을 언급함에 있어서 모든 고려의 출발점은 모든 사람은 주어지는 모든 사회적 시설들을 어떠한 장해도 없이 이용할 수 있어야 한다는 것이다. 즉, 장애로 인해 제한되는 환경과 프로그램에서 벗어나, 일반적인 사회 환경 프로그램에 참여할 수 있도록 도와주는 보호와 교육 프로그램이 포함되어야 한다는 것이다.

개별통합이란 비장애아동들이 있는 일반그룹에 한 명의 장애아동이 소속되는 모델이다. 이 형태의 통합을 실시하는 유치원들은 독일사회보장법에 명시된 권리들을 주장할 수 있다.[96] 그룹통합은 여러 명의 장애아동과 여러 명의 비장애아동이 한 반에서 보살핌을 받는 것으로 이해될 수 있다.[97] 행정기술적인 측면을 고려하여 아동 숫자를 조절할 수 있다. 이것은 통합그룹을 운영하기 위한 재정지원 담당부서가 일치되어 있지 않기 때문이기도 하다. 이처럼 통합교육을 실시하기 위한 시기는 아동이 어리면 어릴수록 좋다. 이런 점에 조기교육을 강조한 것이다. 장애아동이나 비장애아동이 함께 하는 조기통합교육이 인식에 있어서나 다양성의 인정에 있어서 매우 중요하다.

2. 상담 사역

많은 장애인들이 교회에서 목회자에게 상담이나 목양을 받기 원한다. 이런 일을 목회자 혼자서 하기보다는 여러 가지 상담을 할 수 있도록 준비된 분들을 찾아내어 함께 팀을 이루어 상담사역을 감당하도록 하는 것이 좋다. 이것이 목양적 상담이다. 상담에는 분명 여러 종류의 상담이 있다. 그러나 목양적 상담은 신앙의 바탕에서의 상담과 돌봄을 말한다. 목양적 상담을 하도록 교회공동체에서 자원봉사자를 훈련하는 것도 중요한 일이다. 상담의 기술과 돌봄에 있어서 중요한 점은 자신들을 수용하는 느낌을 주어야 한다. 목양적 상담은 분명 달라야 한다.

---

96) L Miedaner, Gemeinsame Erziehung behinderter und nichtbehinderter Kinder, Muenchen 1986, S. 38
97) L Miedaner, Gemeinsame Erziehung behinderter und nichtbehinderter Kinder, Muenchen 1986, S. 31

장애에 대한 이해를 성경적으로 하고 그들을 잘 돌보기 위해서 필요한 기관과의 연결이나 정보의 도움을 주어야 한다.

이러한 사역은 목회자와 평신도가 함께 실천하는 모습이 되어야 한다. 평신도 가운데는 장애인 가족이나 장애인 돌봄을 위한 다양한 전문가들이 많다. 따라서 서로 팀이 되어 위로하고, 잘 이해하며 가족에게 관심을 가져야 한다. 또한 그들이 스스로 자립할 수 있도록 인도해 주어야 한다. 예를 들면, 혼자 움직일 수 있도록 장애인을 위한 도움이 필요하다. 또한 그들에게 새로운 자아를 찾도록 용기를 주어야 한다. 목회자나 상담원들은 장애인에게 항상 반복적으로 위로와 용기를 주어 격려해 주어야 한다.

피셔^{Fischer}는 상담자에 대하여 중요한 것을 말했다. "한 사람을 도울 때 빨리 답을 찾는 것보다 하나씩 성장하도록 도움을 주어야 한다. 목양은 모든 인간의 어려움에 해당한다." 또한 그는 그리스도적 목양에 대하여 이렇게 이야기하였다. "사람이 사회에서 힘들고, 안 좋은 일이 발생하여 관계성에 문제가 있으면 이때 상담자는 하나님의 말씀으로 치료해 줄 수 있다."[98] 목양적 상담은 도움이지 그 사람을 힘들게 만드는 것이 아니다. 상담을 받는 사람은 자기에게 문제가 있다는 것을, '자신'이 치료가 필요함을 표현할 수 있는 용기가 필요하다. 만약 싫으면 "싫다"라는 대답을 할 수 있어야 한다. 목양적 상담은 도움이자 치료를 해주는 도구이다. 이런 목양적 상담은 여러 장소에서 사용이 된다. 그 예로 병원, 학교, 가정, 교회 혹은 상담소, 직장 그리고 단체 등 여러 곳에서 언제든지 받을 수 있다.

이런 목양적 상담은 모든 경우를 항상 종교적으로 연결하고 모든 다양한 사람들에 맞게 대답을 주어야 한다. 그러나 목양적 상담에 대한 디아코니아 정책은 양로원, 병원, 장애인시설뿐만 아니라 목양적 상담은 기관, 사회에서도 필요하다.[99] 상담의 이론이나 실습은 한 사람에 대해서만 관심을 갖지 말고, 그 사람의 주위 환경$^{회사, 사회}$ 상담가도 그런 것을 알고 있어야 한다.

---

98) Christoph Beuers, Die fruehe religioese Sozialisation von Kindern mit geistiger Behinderung, Religionspaedagogische Perspektiven; Bd 25, Die Blaue Eule Verlag, Essen 1996, S.218
99) Arnd Goetzelmann, Zum Verhaeltnis von Seelsorge und Diakonie, in: Diakonische Seelsorge im 21 Jahrhundert, 27 Band, Heidelberg Universitaet Verlag 2006 Winter, S. 12

(1) 장애인 상담

목적은 장애아동이 태어나서 학교에 갈 때까지 아이를 상담하는 것을 목적으로 한다. 지체장애, 지적장애, 발달장애, 복합장애 등 장애아동이 출생하면 부모나 돌보는 사람이 시에 신청하거나, 혹은 의사^{소아과의사 혹은 재활의학치료사}의 진단서를 주면 독일에서는 도움이 연결된다. 독일 교회에서는 장애인과 같이 일하고 싶으면 그 사람들을 장애인이라고 말하면 안 된다. 단지 장애인이란 말은 의학적 진단으로는 말할 수 있지만 교회 공동체에서는 동일한 사람으로 보아야 한다. 사람들은 그 사람의 한 면을 보고 표현하는 것이지 그 사람의 전체를 보고 표현하는 것이 아니다.

목회자들 그리고 종교교육자들은 장애인에게 일을 시킬 때 그 사람이 일을 할 수 있는 것을 부탁한다. 그렇지 않고 일을 하지 못하는 것을 부탁하면, 이미 그 사람이 분리되는 느낌을 주게 된다. 장애인도 부분적인 능력이 있다. 장애인들은 자신의 상황을 잘 안다. 그들도 사회적 처신을 뚜렷하게 할 수 있으며, 친구와 우호적 관계를 오랫동안 가질 수 있다. 그들도 문화적인 일들을 할 수 있는 능력이 있고 관심을 보여준다. 그들의 말, 중요한 표현들도 충분히 이해할 수 있다.

정신적으로 힘들 때 예를 들어 오해, 이해 못하는 것, 오랫동안 무리한 일을 했을 때, 그때부터 장애인들은 판단력이 흐려진다. 하지만 장애인이 사람을 만났을 때, 그 사람을 이해하고 더 좋은 관계를 맺으면 그들은 자신의 능력을 더 보여 주고자 하고, 더 많은 표현을 하고자 한다. 신체적인 능력의 저조함과 대화의 부족을 느끼면 그것을 치료받을 수 있다. 중요한 것은 그것을 이해하고 돌보는 몸을 관리해 주는 것이 필요하다.

예배를 준비할 때 장애인들이 알아들을 수 있는 표현을 사용해야 한다. 그래서 때로는 비유와 상징적인 표현이 요구된다. 그러나 그들이 원하지 않으면 그것을 사용하지 않는 것이 좋다. 하나님의 일에 대한 것이 비장애인들이 이해하듯 그들도 동일하게 느껴야 한다. 자신의 일처럼 느껴야 한다. 행동으로 표현하지 못하면 그들이 쉽게 받아들이기가 힘이 들 것이다. 목회자를 그들이 신뢰하도록 해야 하고, 교회공동체의 예배실 안에서 꼭 이루어지지 않아도 되며, 자기들이 편안하게 사용하는 방에서 이런 일을 할 수 있다. 그것이 그들이 쉽게 받아들일 수 있는 길이다. 통합예배를 위해 미리 준비하고 장애인이 생각하는 습관으로 맞추는 것이 좋다. 지역, 장소 그리고 시간의 흐름, 기독교 의식, 개인적인 접촉, 그리고 말씀 안에서 함께 기도하는, 이런 모든 것이 치료를 하는 데 도움이 된다. 상담가들이 장애인들을 늘 돌보는 사람들과 또한 장애인들이 느끼는 감정을 함께 토론하는 것도 좋다. 이것은 우리에게 교회가 선물한 성경적인 행위이다. 그리고 예식 또한 개인적인 기도가 현실로 나타나도록 하게 한다.

장애인은 삶의 풍부함을 가질 수 있다. 만약 그가 예속과 연결을 "네"라고 이해를 하면 인간은 성숙하며 성장한다. 이것은 순종과 인내로 만들어진다. 장애인의 개인상담은 솔직함과 사랑이 있음을 보여 주어야 한다. 그래서 상담가들은 장애인에 대하여 잘 알아야 한다. 어떤 그룹으로 나눌지, 어떤 도움을 줄지 그리고 무엇을 알려 주어야 할지 잘 알아야 한다.

교회공동체에서는 절대로 장애인을 별도로 나누어서는 안 된다. 한 지역의 공동체는 노인과 청년, 강한 자와 약한 자, 장애인과 비장애인 모두가 똑같이 권리가 있다는 것을 잘 이해해야 한다. 여러 가지 삶의 방법이 다른 사람들의 한 공동체에 존재하기 위해 모두가 각자 자신의 능력이 있음을 느낄 수 있도록 도와주어야 한다. 주일예배는 근본적으로 아무도 권리를 침해할 수 없으며, 당연히 청년이 된 장애인은 다른 청소년들과 같이 입교식을 받을 수 있어야 한다.

장애인들은 내면의 일과 외부의 일에 스스로 균형을 잡기 위해 의존적으로 도움을 필요로 해서는 안 된다. 장애인들은 외부에서 찾아오는 요구들을 스스로 극복해야 한다. 장애인 한 사람 한 사람에 따라 의료적인 상황들이 다르다. 어떤 사람은 수술을 해야 하는지, 보조가 필요한지, 모임을 가져야 하는지 각자에 따라 모든 도움의 종류가 다르고 일이 많다.

(2) 장애인 가족 상담

장애아동의 출생으로 그 가족에게 많은 어려운 환경이 오게 됨을 보게 된다. 여러 가지의 일들이 지금까지 삶의 방향을 바꾸어야 하는, 그리고 장애인 가족으로서 필요하게 맞추어야 한다. 돌보는 사람들은 의학적 규정을 정확히 알아야 하며 행동을 잘 관찰해야 한다. 그래서 힘과 시간이 필요하다. 많은 가족들은 장애로 인하여 힘들어한다. 이것 때문에 힘을 많이 써야 한다. 가족 내부의 곤란이 이루어지고, 때로는 외부에까지도 자주 표현된다. 많은 해당된 가족들이 장애아동의 출생 이후 이웃이나 가까운 지역에 거리를 두며, 지금까지 강하게 믿었던 관계가 무너지는 체험을 갖고 있다. 이런 체험이 많다 보면 사회의 격리현상이 나타난다.

    장애아동의 장애에 따라 부모가 경험하게 되는 경우는 예를 들면 유치원, 초등학교, 청소년의 모임에 참여하게 되면서 더욱 이런 일을 경험한다. 심지어 장애아동을 주로 보는 이들의 어머니가 많다. 어머니들의 경우에는 병원, 유치원, 전문가들을 만나고, 여러 가지 과중한 일들로 심신이 약해지고, 만성피로에 시달리며, 건강이 약화되는 경우가 많이 있다. 여기에 장애아동의 미래에 대한 근심이 스트레스가 되어 육체적·정신적으로 지치는 경우가 많다. 이러다 보면 장애아동의 출생으로 전체 가족 관계에 갈등이 생긴다. 여기에 경제적인 어려움으로 가정은 점점 더 힘들게 된다. 이렇게 되면 형제자매에게 미치는 영향도 부정적일 수밖에 없다.

    장애의 진단은 가족을 자주 당혹하게 하는 타격을 준다. 장애인들은 도움이 필요하기에 가족 관계가 힘들게 된다. 그래서 많은 장애인들은 누군가에 의해, 혹은 부모에 의존하며 사는 형태에서 벗어나지 못하고 산다. 내면적으로 자기 자신이 장애인이란 것을 인정해야 하며, 자신의 삶을 재조정해야 한다. 스스로 장애인의 삶을 살아가야 하는 자신의 통합이 중요하다. "왜 나인가?" "왜 우리 아이인가?" "무엇 때문에 이런일이 생긴 것인가?" "하나님, 어떻게 이러실 수 있습니까?" 장애인부모들은 이런 질문을 많이 할 수 있다. 대체로 이런 부모들은 상담을 받지 않는 경우가 많다. 이런 부모들을 도와주는 것도 디아코니아 사역이다. 지금은 점점 부모들이 장애인들을 위하여 많이 도와준다. 장애인들도 비장애인들처럼 평범한 삶을 살게 해 준다. 하지만 그 부모들도 지치기 쉽기 때문에 나머지 가족의 도움이 필요하다. 형제들 가운데서 장애인이 있으면, 많은 경우 자기들의 삶과 신앙을 연결한다. 이런 장애가 있는 형제들은 사회생활 행동에 긍정적이고, 교회나 종교단체에 찾아가서 장애인 가족을 위해 도움을 받기 원한다.[100] 만약 이와 같은 경우라면 좋지 않다. 장애인들이 찾아오면 그들을 위해 교회나 단체는 그들을 연구소나 장애인 기관, 그리고 디아코니아 단체에

---

100) Christoph Beuers, Die fruehe religioese Sozialisation von Kindern mit geistiger Behinderung, Religionspaedagogische Perspektiven; Bd 25, Die Blaue Eule Verlag, Essen 1996, S.147

보내 상담을 받게 하여 생활하게 한다. 그렇지만 잘못하면 이것도 위험하다. 교회나 종교단체가 그들을 한곳으로 모이게 만드는 것만으로 만족한다면, 나중에 교회나 종교단체에는 건강한 사람들만 남게 된다.

가족 안에 장애인들이 생기면 어려움을 느끼는 시기가 있다. 많은 장애인 가족들이 이런 경우 말하기를 장애아동의 출생 이후 이웃이나 가까운 지역에 거리를 두게 되며, 오히려 이웃과 안 좋은 관계가 되는 경우가 많았다고 한다. 이런 일이 오히려 더 나빠질 수 있다. 사회로부터 완전히 분리가 되는 경우이다. 장애의 상태에 따라서 부모의 상태가 더 심하게 될 수도 나아질 수도 있다. 어떤 나이에 이 아이가 유치원, 초등학교 그리고 청소년모임에 갈 수 있든 못 가든, 부모들은 더 신경이 쓰이며, 여기서 어떤 결과를 듣느냐에 따라 부모들의 기분도 달라진다. 공동체의 책임자들은 공동체 안에서 통합교육이라고 말만 할 것이 아니라, 비장애인들과 장애인들을 통합하고 연결시켜 주어야 한다. 장애인의 부모와 가족들에게 그리스도의 가르침으로 인도하는 것 그리고 목회자의 교회공동체에서의 목회상담은 장애인의 삶에 큰 의미가 있는 것이다.[101]

이런 결정을 한 가족은 목회상담을 빨리 해 주어야 하고 장애인들에게 편하게 환경을 만들어 주어야 한다. 부모들은 장애아동의 출생으로 다른 사람들과 대화하는 시간이 없어졌기에 교회공동체가 상담을 통하여 그들과 충분한 대화를 해 주어야 한다. '스데반 요양소$^{Stephanus-Stiftung}$'에서 부모에게 설문조사를 하였는데, 이런 고민에 대한 대화가 많이 있었다. 첫째, 누구 때문에 아이가 장애를 갖게 되었는지에 대한 죄의식을 갖고 있었다. 아이 낳은 후 20~30년이 지나도, 부모는 서로 자기의 잘못이라고 생각하고 마음속 깊이 아픔을 갖고 있었다. 둘째, 자기 아이의 능력이 어디까지인지 잘 모르는 것이다. 예를 들면 자기 아이를 너무 낮게 평가하거나 너무 높게 평가하는 것이다. 셋째, 아이의 미래$^{우리가 죽으면 누가 우리 아이를 도울 것인가?}$[102]에 대한 염려와 두려움이 있다는 것이다.

이처럼 장애인 부모를 위한 상담은 아이의 성장 상태에 대한 정보와 상담, 어떻

---

101) Christoph Beuers, Die fruehe religioese Sozialisation von Kindern mit geistiger Behinderung, a.a.O., S.147
102) Johannes Feldmann, christliche Lebensbegleitung von geistig behinderten Menschen und ihren Angehoerigen in der DDR: in Gottfried Adam, Annebelle Pithan, Wege religioeser Kommunikation Kreative Ansaetze der Arbeit mit behinderten Menschen, Comenius Instiut, Muenster 1990, S.71

게 무엇을 더 도와야 할지를 상담, 학교나 유치원 입학에 대한 상담, 통합교육 가능성에 대한 상담, 사회정의에 대한 상담, 장애인에 대한 놀이, 장난감에 대한 상담, 다른 부모와의 의견교환 그리고 부모들을 위한 특별한 제공이 있다.

장애아동이 가정에 태어나면 시급한 문제가 여러 가지가 있지만, 우선적으로 필요한 것은 아동의 장애와 관련된 유용한 정보이다. 그중 경제적인 도움이나, 복지제도, 도움받을 수 있는 기관 등에 관한 정보가 중요하다. 이러한 일을 교회공동체가 체계적으로 잘 준비하여 언제든지 필요한 대상자들에게 도움을 줄 수 있어야 한다. 그런데 여기서 어려운 점은 한 가정에 장애아동이 태어나면, 부모뿐만 아니라 온 가족에게 큰 충격을 안겨 주게 된다. 이 충격은 선천적 장애가 원인 불명일 경우 더욱 복잡한 심리현상을 불러일으킨다. 부모는 "왜?"라는 해결할 수 없는 의문 속에서 고민하게 된다. 양육 과정에서도 부모가 짊어져야 하는 부담은 실로 크다. 때로는 극도의 심리적 불안과 수치심으로 자신이 낳은 자식을 부정하기도 한다. 이러한 경우에는 공개적으로 자신의 아이가 장애아동임을 이야기하기는 쉽지 않다. 더군다나 경계선[103]에 있는 부모일수록 빨리 인정하지 않는다. 또한 누군가에게 이야기해도 도움받을 수 있는 정보가 없다는 것이다.

독일의 경우 조기지원 서비스를 이용함에 있어 각 가정은 지역 사회 및 경우에 따라 범지역적인 사회보장 담당부서의 재정지원을 받는다. 법령에 정해진 재정담당부서(지역사회보장, 청소년보호담당부서, 의료보험 등) 외에도 국가로부터 도움을 받을 수 있다. 독일의 경우, 연방 주정부에서는 법령이나 자체 행정법에 따른 범위 안에서 추가 예산을 집행할 수 있다.[104] 각각의 연방 주들은 재정 지원의 구조와 집행에 있어 통일되어 있지는 않다. 일반적으로 재정지원은 출산에서 취학까지 이행된다. 독일의 기본법 제3조 3항에 명문화된 '어느 누구도 자신의 장애로 인한 불이익을 당하지 않는다'는 원칙이 구체적이고, 법적인 형태로 확장되는 것이 필요하다는 것을 명시했다. 이것들은 사회법령집 1항과 2항에서는 공통적으로, 3항에서 10항에 걸쳐서는 구체적인 사회법의 형식으로 제출되었다. 각각의 조처에 따른 관할부처, 업무담당 그리고 재정적인 사안은 법적으로 정의되었다.

103) 경계선이란 장애와 비장애의 중간 지점에 해당하는 것을 말한다.
104) Bundesvereinigung Lebenshilfe 1998, 2

이처럼 독일에 비하여 한국 사회가 잘 되어 있지는 않지만, 교회공동체에서 도움을 줄 수 있는 부분과 부모의 자세 및 사회에서 얻을 수 있는 지원 등의 정보가 중요하다. 장애아동은 어떻게 보면 시간이 지나야 알려지는 경우가 많다. 그러나 교회공동체가 지속적으로 포기하지 않고, 교회 내에서 장애인이나 비장애인이 하나님의 고유한 형상으로 태어났다는 기독교적 인간이해를 갖고, 모든 교우들이나 교회의 다양한 활동과 사역들이 장애인에게나 비장애인에게 통합적으로 디아코니아를 실천하는 모습을 보인다면 이러한 문제는 쉽게 해결될 수 있다고 본다.

장애인 부모가 수치로 생각하기보다 하나님의 형상으로 태어난 자녀라는 의식을 가질 수 있는 목회 상담이 이루어져야 한다. 계속해서 자녀가 성장되고 변화한다는 의식이 있어야 한다. 이러한 점에 목회상담은 장애인 가족에게 있어서 매우 중요한 사역이다.

3. 통합예배

장애인과 비장애인 모두에게 중요한 것은 만남이다. 만남에는 여러 가지가 있지만, 필자는 교회공동체에서의 예배를 통한 만남을 말한다. 많은 논의가 되는 것이 "중증장애아동에게 과연, 통합예배가 좋은가?"이다. 한국 교회에서 말하는 통합예배란 '일반적인 신체장애를 갖고 있는 사람들, 즉 시각장애, 청각장애 등의 사람들과 함께 예배하는 것'은 당연한 것이지만, 이것은 통합예배의 범주가 아니다. 필자가 여기서 통합예배를 드려야 될 대상은 중증장애, 즉 지적장애 · 발달장애인을 말한다. 독일의 경우에는 어떤 장애를 가졌든지 아이가 태어나 어느 시기가 되면 장애인들이 살아가는 공동체에서 살아가기에 실제적으로 그들이 일반 교회에 가족하고 같이 가는 경우가 드물다. 보통 그들의 공동체 안에 교회가 있고, 그 교회에 지역사회 사람들이 찾아와서 같이 예배하는 경우가 있다. 그러나 한국 사회는 장애인이 아동이건 성인이건 가족하고 같이 살아가는 경우가 많다. 이럴 경우에는 교회공동체에 가면 장애인은 장애인들만을 분리하여 예배를 드리게 된다.

"과연 통합예배가 가능한가?" 필자가 살펴본 독일의 경우 중중장애아동의 경우에 유치원까지는 통합예배가 바람직하다. 물론 장애아동에게 통합예배가 좋은 것만은 아니다. 예배뿐만 아니라 모든 분야에서 통합이 긍정적인 면도 있고 부정적인 면도 있다. 예를 들어 자기의사표현을 위하여 공격적이 된다거나, 때로는 부적응행동을 통한 부정적인 면이 나온다. 그러나 그와 같은 부정적인 면도 있지만, 오히려 긍정적인 면이 더 크기에 가능하면 어린 시기에는 통합예배가 좋다. 물론 유치원 시기가 지나서는 특별한 시기에만 같이 예배하는 경우가 많다.

한국의 경우 교회공동체마다 장애인과 함께 통합예배를 드리기에 적합한 환경의 교회가 많지 않다. 이럴 경우에는 지역마다 연합모임이 중요하다. 지역 내에서 중증장애인을 위한 도움을 주고자 하는 교회가 자연스럽게 나오게 될 것이고, 나아가서 장애인들이 목회적 도움을 받고 특별한 절기에 연합된 통합예배를 드리도록 한다. 장애아동의 유치원 시기에는 통합예배, 교육이 중요하다.

"통합예배는 어떻게 드리는가?" 예배 시간에 이들을 위한 연극이나 음악 등의 다양한 방법을 통하여 예배할 수 있다. 필자가 방문했던 독일의 한 교회는 장애인이 출석하는 교회에 비장애인이 함께하는 교회가 있다. 이곳의 목회자는 설교를 할 때, 항상 간단하고 반복적인 단어를 통하여 설교를 하며, 시각적인 방법을 통하여 설교하는 것을 보았다. 그곳에 모여 예배하는 중증장애인들이 필자가 보기에는 신기할 정도로 예배에 잘 참여하고, 그들 중 몇몇은 성찬식을 할 때, 돕는 자로서 섬긴다. 물론, 예배 시간이 길고 어수선한 분위기는 어쩔 수 없다. 하지만 어느 누구도 그로 인해 예배가 힘들다고 생각하는 이들이 없다는 것이다.

장애인은 도움과 보조가 필요한 사람임을 인정해야 한다. 장애인은 스스로 자립심을 배우며, 비장애인은 어떤 상황에서 도와야 하는지 그 선을 알게 된다. 그리고 서로의 책임을 이해하고 장애인이 해야 할 일을 다른 사람이 해 주지 않아야 한다. 또한 장애인이 똑같은 능력, 삶의 기회, 공동의 삶을 나누고 신앙 공동체에 비장애인처럼 참여할 수 있도록 해야 한다.[105] 이 일을 위해, 장애인이 불편해하는 것은 이해하고 공감해주어야 한다. 통합예배에 대한 개념은, 이처럼 만남이 관건이다. 장애인과 비

---

105) Christoph Beuers, Die fruehe religioese Sozialisation von Kindern mit geistiger Behinderung, Religionspaedagogische Perspektiven; Bd 25, Die Blaue Eule Verlag, Essen 1996, S. 169

장애인이 함께 만날 수 있도록 교회공동체가 도와주어야 한다. 그리고 장애인 가족과 교회공동체의 성도들이 서로 그런 만남을 도와주는 것이 필요하다. 다만, 조심해야 할 점은 장애인부모들이 이런 통합예배·교육을 끝까지 지속하지 못하는 경우이다. 이것은 장애인들에게는 좋지 않은 영향을 미친다. 오히려 사회에서 더 움츠러들게 만드는 결과를 낳는다. 장애인부모들은 자기 자녀를 숨기고 부끄러워한다. 그래서 장애자녀가 교회공동체 안에서 함께하지 못하게 하고, 성례와 성찬식에 참여하지 못하게 한다. 오히려 다른 교인들에게 피해를 줄까 봐 늘 조심하는 마음을 갖고 행동한다. 때문에, 아예 장애인 부모들이 이런 일을 피곤하게 느껴서 교회공동체나 행사 모임에 자녀를 데리고 나오지 않는다. 그리고 장애아동의 행동이 다른 사람들에게 부정적인 모습으로 비춰지는 것이 싫어서 자녀들을 교회공동체에 함께 데려오지 않는다.

한국 교회 가운데 장애인을 위한 통합예배나 부분적으로 통합하여 예배하는 교회가 점점 많아지고 있다. 그중 사랑의교회는 장애인복지선교 모델로서, '기독교적 통합접근 모델'이라고 일컬어지고 있다. 이것은 세 가지 관점에서 사역이 진행되기 때문에 붙여진 이름이다. 장애인선교회는 교회공동체 내의 장애인들을 대상으로 목회적 관점에서 접근하고, 한국장애인사역연구소는 초교파적인 장애인선교를 위한 다양한 연구조사를 통해 교육과 치료적 관점으로 접근하며, 사랑의복지관은 지역 사회를 대상으로 하는 장애인복지적 관점으로 접근하고 있다. 사랑의교회의 이 세 기관은 독자적인 영역 속에서 각자의 사역을 진행하지만, 필요에 따라서는 연계·연합하여 시너지 효과를 가져오는 사역을 감당하기도 한다. 이것은 한국 교회공동체에 매우 모범적인 사례이다. 디아코니아적인 입장에서 교회는 교회가 위치한 지역을 섬겨야 하고, 타 기관이나 국가와 연합하여 섬겨나가는 것이 바람직하다. 이런 점에 사랑의교회가 섬기고 있는 기독교공동체적 통합접근 모델은 바람직하고 건강한 모델이라고 볼 수 있다. 또한 사랑의교회는 자원봉사자를 위한 다양한 프로그램을 개발하고 특히 '기독교 사회복지 엑스포'란 이름으로 한국 교회공동체가 섬기고 있는 사회복지 사역을 알리는 전문적인 세미나와 다양한 사역들을 소개함으로써 기독교인들이나 지역 사회 내 비기독교인들에게도 교회공동체의 사회봉사에 대한 시선을 넓게 한 점이 매우 중요하다고 본다. 독일에서는 4년마다 각 도시를 돌아가면서 교회의 날$^{Kirchen\ Tag}$

행사를 개최함으로 그 시기에 가장 필요한 사회의 핵심 주제를 정하여 세미나를 열고 관계된 사람들이 홍보를 만들어 독일 전역에 관심을 갖도록 한다. 예를 들어 환경 문제로 주제를 정하였다면, 환경에 대하여 성서와의 관계성 및 여러 분야와의 관계성을 갖고, 각 분야의 전문가들이 강의를 하며 홍보 부스를 만들어 소개를 한다. 이곳에 사람들이 참여하여 정보를 알고 관심을 갖고 기도와 후원을 할 수 있다. 이 행사가 독일 전체의 관심 속에 이루어지고 있다.

하나비전교회는 교회가 세워지는 과정 속에 장애인과 비장애인이 함께하는 교회로 자리매김을 하며 성장하고 있다. 비장애인 중심의 교회 속에서 장애인이 도움을 받는 모습이 아닌, 장애인들이 교회 성장의 중심에서 함께 예배하는 모습이 통합교회로서의 건강한 모델이다.

수원중앙교회는 굿윌스토어를 만들어 "자선이 아닌 기회를"이란 주제에 맞게 장애인에게도 일할 수 있는 기회를 제공하고, 경제적 자립을 통한 재활의 방법을 찾아 주는 일을 하고 있다. 장애인이 예배에 참여하도록 장애인의 손과 발이 되어 차량으로 봉사하는 일들을 비롯하여, 중증장애인을 위하여 목욕을 시켜 주고 반찬을 만들어 주는 사역은 예수님이 이 땅의 식탁에 시중들고자 오신 모습이다.

뿐만 아니라 남서울은혜교회 역시 장애인을 위한 직업교육을 실시하고자 교회 내에 작업장을 운영하여 설치하고 있으며, 통합예배를 위하여 노력하는 모습은 교회 공동체가 장애인들에 대하여 구체적인 삶의 도움을 제시하고 있다는 것이다.

이 외에도 여러 교회들이 장애인들과 부분적으로, 혹은 전체적으로 통합예배를 드리며 나아가고 있다. 중요한 점은 이러한 교회가 특별한 교회가 아니란 것이다. 당연히 교회가 해야 할 모습이다.

필자는 교회가 장애인을 위해서 할 수 있는 실제적인 사역의 대안으로, 장애아동을 위한 유치원 운영에 대하여 이야기하고자 한다. 교회공동체는 이 일을 위한 많은 부분이 이미 교회 시설 내에 갖추어져 있기 때문이다. 여기에 전문적인 특수교육을 받은 교사를 배치하고, 자원봉사자를 교회 안에서 찾아내어 장애아동과 비장애아동을 통합교육할 수 있다면 많은 영향을 미치게 될 것이다. 또한 교육 기관과 삶의 현장이 다를 수밖에 없는데 교회공동체 안에 통합교육 유치원을 운영하면, 유치원에서 배운 신앙적인 삶의 모습이 자연스럽게 교회공동체 사람들에게 일치된 모습으로 나타날 수 있다. 이렇게 되면 아동들이 큰 혼란을 겪지 않아도 되는 유익이 있다. 이런 점에서 통합교육 유치원을 운영하는 교회공동체는 통합예배와 통합교육을 중심으로 하는 예배를 드려야 한다. 통합교육에 있어서 중요한 것은 매 주일 성경공부, 세례, 학습교육 그리고 성찬식 등이다. 세례나 성찬식은 반복되는 교육으로서 상징적인 교육의 효과가 크다. 이러한 예배와 교육은 장애인에게만 해당되는 것이 아니고, 비장애인들에게도 필요한 것이다. 통합유치원이나 통합교회는 서로 함께 살아가는 것을 배우게 한다. 교회공동체에서는 성경의 말씀처럼 어려서부터 함께하는 것을 보여 주어야 한다.

우리는 예배에 참여하여 하나님을 믿게 되고, 하나님의 뜻을 이해하며, 자신이

Duesseldorf에 있는 Evangelische Kirche im Rheinland 교회의 통합예배 장면

하나님의 백성임을 깨닫게 된다. 또한 예수님과 가까워지고 연결되기를 소망하며 교회공동체에 함께한다. 다시 말하면, 예배는 우리가 배울 수 있고 성장할 수 있는 가능

---

106) David G. Hamilton, Symbole und Ritten in Gottesdienst und Unterricht mit Behinderten Kindern und Jugendlichen: in Gottfried Adam, Annebelle Pithan, Wege religioeser Kommunikation Kreative Ansaetze der Arbeit mit behinderten Menschen, Comenius Instiut, Muenster 1990, S.22

성을 제공한다. 이것은 비장애인에게나 장애인에게도 모두 마찬가지이다. 이러한 예배를 위해서는 특별히 두 가지의 과제가 필요하다. 하나는 예전적인 예배에 있어서 전통적인 방법으로 도움을 주는 것을 말한다. 두 번째는 예배의 영적인 면에 어떻게 더욱 성장할 수 있게 하는가에 관심을 두는 것이다. 이 과제는 우리들의 예배 안에서, 우리의 다양한 삶의 상황들을 알게 하는 것을 도와준다.[106] 우리 안에 이러한 목적과 계획이 없으면 예배의 의미가 사라질 위험성이 있다.

한 예로 필자가 가끔 찾아가는 독일의 니더 람스타트 교회가 있다. 이 교회는 항상 통합예배를 드린다. 그런데 목회자가 가운을 입지 않고, 교회의 강대상도 일반적으로 독일 교회는 전통적인 모습을 많이 보이는데 그런 형식에 얽매이지 않으며, 자연스럽게 손 유희 찬양을 하며 계속해서 단순한 동작을 반복하는 것을 보았다. 이런 준비는 개 교회 상황에 맞추어 나름대로 연구하고 준비한 것이다. 아동들이 오랫동안 예배에 참여할 수 없기에 교사나 목회자는 비장애아동들이 지루함을 느끼거나 장애아동들이 지루함에 따른 부적응행동을 보이지 않도록 다양한 전달방법을 연구해야 한다. 예배는 누구에게나 열려 있어야 하고, 이 열림을 통하여 누구나 하나님을 만나고 찬양할 수 있어야 한다. 하나님의 백성이라면 누구나 그 교회공동체의 구성원이 될 수 있고, 함께 예배할 수 있는 권한이 있다.

(1) 세례와 입교

예배의 형태에 있어서 상징과 의식 등도 중요한데, 이런 부분을 잘 활용하면 좋다.[107] 그중 대표적인 것이 성례전이다. 세례와 입교식 등은 기독교인에게 매우 상징적이다. 그런데 한국 교회에서는 유아세례 외에는 아동은 성례에 참여할 수 없다. 왜냐하면 일정한 나이가 되어야 학습 및 입교 후 세례를 받고 기독교인으로서 성찬에 참여할 수 있기 때문이다. 이것이 장애인에게는 큰 문제가 된다. 입교나 세례를 받아 성찬에 참여하기 위해서는 교육을 받고 자신이 신앙인이란 고백을 해야 하는데, 그 과정을 밟을 수 없기에 장애인들은 입교나 세례를 받지 못했다. 하지만 2005년부터 대한예수교장로회 통합 교단의 경우에는 총회에서 법적으로 장애인의 입교를 인정하면서

107) Ebd, S.22

장애인도 성찬에 참여할 수 있게 되었다. 세례는 모든 원하는 사람들에게는 줄 수 있는 것이기에 장애인이나 비장애인이나 기회를 동일하게 주어야 한다.

　　세례를 통하여 장애인 역시 다른 비장애인 세례자와 함께 예수 그리스도의 공동체에 받아들여져 교회공동체의 일원으로 정착되어야 한다[고전 12:13]. 그러므로 성경에서는 장애인이 배척되어서는 안 된다고 말씀하고 있다. 세례의 의미는 믿음으로 받아들여져야 한다. 왜냐하면 세례와 믿음은 합한 것이기 때문이다[막 16:16]. 장애인이건 비장애인이건 모든 세례자를 받아들여, 함께 믿음의 길을 가게 하는 것이 교회공동체의 의무이다. 믿음으로 인도되어 장애인을 교회 공동체 삶의 지체로 받아들이는 것은, 인간을 자기의 후계자로 부르신 예수 그리스도의 위탁이기 때문이다[마 18:18~20]. 이런 일을 모두 행하기 위해서는 장애인도 예배의 삶에 받아들여져야 하며, 비장애인처럼 교회공동체의 중심이 될 수 있어야 한다. 장애인에게도 세례를 통하여 교회공동체에 속하는 경험과 체험이 이루어져야 한다. 그리스도의 교회공동체는 장애인에게 세례를 베풂으로써 모든 이들을 받아들이는 건강한 모습을 갖게 된다. 그리고 장애도 모든 이에게 받아들여진다는 것을 알게 된다. 교회공동체는 모두가 기쁘게 장애인을 받아들이고 그들을 도와야 한다.

　　예수님은 제자들에게 아이들에게도 세례를 주고 가르치라는 것을 말씀하였다[마 28:18~20]. 세례교육은 삶에 밀접하게 관련되어야 하며 가족 모두에게 열어놓아 가족 전체가 참여할 수 있게 해야 한다. 즉, 세례를 통하여 부모와 교회공동체가 관계를 맺게 되어야 한다는 것이다. 목회자는 장애인 부모의 관심과 소원을 들어 주고 아이디어에 귀를 기울이며, 모두를 환영해야 한다. 만약 장애아동이 성장하면 교회공동체 안에서 여러 가지 활동에 참가하게 해야 한다. 부모는 자기 아이를 가장 잘 알기에 그 행동에 대해 정확한 정보를 말해 줄 수 있다. 이런 신앙교육 방법은, 비장애아동의 교육 방법과 다르지 않다. 동일하게 음악을 듣고, 노래를 부르며, 만드는 일 등의 창조적인 교육방법으로 수업을 시작한다. 연극 혹은 역할극 등을 통해서 수업을 하고, 공동체와 연결해 주어야 한다. 디아코니아를 실천하는 이들이 장애인과 비장애인의 통합에 대하여 설명해 주어야 한다.

　　여기에서 노르웨이의 한 교회공동체를 소개함으로써 교회공동체에 적용할 수 있다. 그 교회 신앙교육 과정의 대상은 태어나서 세례받은 아이들과 그렇지 않은 아이들, 다른 문화에서 온 아이들 그리고 장애아동들이다. 이 교육의 목적은 세례 여부와 관계 없이 동일한 문화가 아닐지라도 장애인이나 비장애인 모두에게 입교할 수 있는 동일한 기회가 있다는 것이다.

0~3세: 매년 세례를 소개한다.
4세: 예배를 드리고 아이들이 성경동화를 선물로 받게 된다.
6세: 세례학교에 가고, 1~2번 예배드리며, 7~10번 만남의 시간을 갖는다.
8세: 이때부터 추수감사절에 성인들과 같이 예배를 드린다.
10~11세: 성경책을 받는다.
13세: 이때부터 예배를 같이 드린다.
14~15세: 입교를 한다.

한마디로 무엇인가? 아동기 전 과정이 세례와 관련되어 있어 중요한 과제란 것이다. 단순히 입교를 받는 것이 아니고, 아동에게 계속해서 교회공동체에서 중요한 존재라는 의식을 강조하고 교육하는 것이다.[108] 이 일을 위해 부모와 교회, 유치원, 학교가 서로 연결되어야 한다. 입교교육은 목표에 도달하도록 교육적으로 구성된 책임 있는 교육을 해야 한다. 입교식은 어떤 주제를 정하여 배우고 성경을 외우며, 전통적인 교리문답과 성가를 부르게 하였다. 장애인에게는 쓰고, 읽고 하는 것이 필요 없는 교육이 되어야 한다. 장애 유형에 따라 교육적이고 신학적인 배경 아래 동일한 내용을 그들에게 적합한 다른 버전으로 만들어야 한다.

(2) 성찬

성찬식은 그리스도인 삶에 중요한 뜻을 갖는다. 예수님과 제자들이 마지막 빵을 먹고 포도주를 마시던 모습을 기억하는 것이다. 기독교인들은 이것을 매우 중요한 상징으로 받아들이며 예배 가운데 성찬식을 거행한다. 성찬식은 보여 주어야 한다. 그것은

---

108) Kristin Molland Norderval, Astrid Paulsen, Taufe Unterict in der luterlichen Kirche Norwegen; in Gottfried Adam, Roland Kollmann, Normal ist, Verschieden zu sein, Comenius Instiut, Muenster 1994, S.113

찬양과 감사 가운데 화해자로서 그리스도인의 삶을 증거하고, 예수님의 하신 일로서, 성령의 능력으로서 예수님의 가르침을 생각하는 것이다. 공동체 안에서 성찬식은 입교 후에 새로운 하나님의 백성으로 받아들이는 것이다. 그리고 기독교 공동체 구조도 중요하지만, 성찬식이 그리스도 교회 안에서는 가장 중요한 것이다. 성찬식은 마치 식탁의 공동체와 같은데 교회공동체가 하나 되는 것을 상징한다.

전통적인 면에서 성찬식은 세례와 함께 교회에서 중요한 부분인데 예수님이 우리에게 계속 시행하라고 명령하신 일이다. 가톨릭에서 성찬식은 특별히 중요한 역할을 했다. 신약 시대의 교회공동체는 처음부터 성찬식을 가졌다. 사도행전 2장 44절에 나타난다. "모든 신앙인은 공동체 그리고 모두 동등함…." 그런데 한국 교회는 성찬식을 중요하게 여기지 않는다. 한국 장로교회는 칼빈으로부터 직접 받아들이기보다는 미국 선교사들에게 복음을 받아들이고, 또한 그들의 신앙노선을 받아들였다. 이런 점에서 한국 교회는 지금도 성찬식을 중요하게 여기기보다는 오히려 말씀을 강조하고 있다. 단지 소수의 목회자들만이 이 부분을 중요하게 생각한다. 과연 어린아이나 장애인이 성찬에 참여하는 것이 좋은지 나쁜지를 질문하게 된다. 많은 사람들은 장애인이나 아동들이 성찬에 대한 의미를 이해하지 못한다고 생각하기에 참여시키지 않는다. 바울은 이런 말을 하였다 고전 11:17. "성찬식의 의미를 모르고 참여하면…."

성찬식을 할 때 공동체가 자주 참여하는 것이 중요하다. 교회공동체 안에서 예수님과 같이 행하는 일이기 때문이다. 모두가 이 성찬에 참여함으로 동일하다는 의식의 상징이기 때문이다. 독일 교회는 이미 1979년도 연방총회에서 어린이가 성찬식에 참여할 수 없는 것에 대한 이유를 찾지 못했다. 그래서 아이들이 학교에 갈 나이가 되면 성찬에 참여할 수 있게 하였다. 물론 약간의 준비를 시켰다. 이 법칙은 아이와의 약속이었다. 최근에는 많은 독일교회가 어린이들을 성찬에 초대한다. 말하자면 하나님과 공동체를 이룬 그 안에 이해만이 아니라 함께 받아들이고 경험케 하여, 성찬에 참여하기 원하는 아동을 위해서는 부모가 함께 참여하도록 했다. 또한, 아동의 성찬 참여에 관한 자료와 정보를 〈월별관계 MONAT und KONTAKTE〉란 잡지를 통해 항상 제공해 주었다. 미국장로교회에서는[109] 이미 오래전에 장애인아동이 성찬에 참여할 수 있

---

109) Presbyterian Church United States of America.
110) Nieder-Ramstaeder Diakonie

었다. 그러나 독일은 2002년부터 시작되었고, 나사렛 교단에서는[110] 2002년 이전에도 나이가 어린 장애인들도 성찬에 참여할 수 있었다. 입교하지 않아도 성찬식은 누구나 마음에 원하면 참여할 수 있다. 부모를 통해 확인할 것은 장애아동이 예수님을 믿겠다는 중요한 결정이다.

(3) 연합 활동

교회공동체에서의 장애아동을 위한 몇 가지 활동을 제안하고자 한다. 이 활동은 주로 교우들과 같이할 수 있는, 즉 비장애인 가족과 장애아동의 통합적인 삶을 향한 활동들이다. 예를 들면, 함께 놀이를 할 수 있는 놀이그룹, 비장애아동과 장애아동이 함께 생활을 경험하는 홈스테이, 장애인부모들을 위한 모임, 교회 내에 관심을 불러일으킬 수 있는 대외적인 홍보 사역들이 있다. 그리고 순회 단체를 조직하여 통합예배에 관심 있는 개 교회들에서 함께 특별 예배를 드리는 것이다. 끝으로 자원봉사들이 교회공동체에는 많이 나와야 한다. 이들을 교육하고 준비하는 일이 중요하다. 이런 모든 일은 교회공동체의 연합활동이다. 이 일을 위하여 중요한 점은 사전에 충분한 이해와 준비가 필요하다.

+ 놀이그룹

놀이그룹이란 장애아동이 소그룹 안에서 그 부모들과 함께하거나, 아니면 친구들과 함께 참여하는 것이다. 장애아동에 대한 교육 가운데 중요한 부분은 놀이활동이다. 놀이그룹을 위해 선별된 과제들을 준비하고 내용에 따라 계획하고 진행하는 것은 특수교사들의 과제이다. 비장애아동보다 놀이의 종류가 한정되기에 다양한 종류의 놀이를 개발하여 가르치고, 노는 즐거움을 알려주어야 한다. 놀이그룹을 통하여 장애아동에게 더불어 살아가는 힘, 사물에 작용하는 힘을 배울 수 있는 기회와 사회적 행동양식을 훈련하며, 자신에게 꼭 필요한 지원을 경험할 수 있게 해 준다. 그룹 내에서의 놀이는 장애아동이 어머니에게서 떨어져 다른 아동 그리고 새로운 환경에 적응할 수 있도록 도와줄 수 있다. 그중 하나가 캠프활동이다.

    장애아동과 비장애아동이 함께하는 캠프활동은 자연스럽게 수용될 수 있는 놀이 그룹이다. 캠프를 통해 신앙 활동의 기회를 얻고 건전한 놀이와 즐거운 여가생활을 단기간에 얻을 수 있다. 캠프의 프로그램을 구성함에 있어서 고려해야 할 요소는 육체적인 재활을 목표로 하는 놀이프로그램이다. 왜냐하면 장애아동의 신체적 한계로 인해 자주 해보지 못한 육체적인 활동과 건전한 레크리에이션, 체육활동 등을 경험할 수 있기 때문이다. 이러한 활동을 통하여 장애아동들은 "스스로 할 수 있다"는 자신감과 만족감을 가질 수 있고, 비장애아동은 장애아동의 어려움을 함께 경험함으로 이해의 지평을 넓힐 수 있게 된다. 또래들의 활동을 보면서 호기심을 갖게 되고, 자기와 다른 것을 발견하게 된다. 그러면서 다른 아동과의 건강한 관계가 형성된다.

이 외에 제안할 수 있는 중요한 놀이그룹 가운데 하나는 장애인 가족의 형제자매모임이다. 장애인의 형제자매들이 어떻게 보면 정신적으로 어려움을 많이 겪는다. 필자가 아는 한 가족은 두 아들이 있는데, 그중 한 아이가 장애를 갖고 있다. 장애를 갖고 있는 아이가 형이었는데, 같은 공동체안에 있으면서도 비장애인 동생이 한 번도 형으로서 인정하지 않았다. 이렇게 된 이유는 어려서 함께 생활할 때 학교에서 많은 상처를 받았기 때문이다. 물론 형제애가 두터운 경우도 있지만, 장애인 가족의 형제들에게 정신적인 어려움이 많이 있다는 것이 문제다. 학교에서 친구들의 시선도 있고, 부모가 장애인 형제자매에게 더 많은 시간을 할애하기에 다른 자녀에게 소홀할 수밖에 없는 데서 오는 어려움 등 여러 가지가 있다. 따라서 여러 장애인 가족이 비장애인 형제자매들과 함께 갖는 놀이모임은 많은 부분에서 공감대와 이해력을 높이게 된다. 놀이활동으로는 운동을 비롯하여 다양한 놀이프로그램을 실시할 수 있다.

+ 홈스테이 Home Stay

홈스테이는 장애아동이 비장애아동의 집에서 지내거나, 비장애아동이 장애아동의 집에서 거하는 식으로 이루어진다. 기간은 길지 않게 하며, 함께 지내는 동안 막연하게 시간만 보내지 않도록 일정한 과제를 목표로 제시하여 수행하도록 한다. 또 장애아동을 보내는 부모는 장애아동에 대한 여러 가지 상황들을 알려주고 돌발적인 상황에 대한 대처방법, 사용하는 약의 종류나 투여 방법 등에 관한 자세한 정보를 알려 주어 지내는 동안 곤란한 일이 발생하지 않도록 하여야 한다. 홈스테이를 통하여 비장애아동의 부모는 장애아동가정의 생활을 체험할 수 있고, 장애아동의 부모는 신뢰받고 있다는 자존감을 얻게 되어, 부모들의 통합에 크게 기여할 수 있다. 또 장애아동이나 비장애아동이 서로를 통해 삶에 진지해지고, 잘못된 생활습관을 고치게 될 수 있다. 가장 중요한 것은 함께 살아가는 세상을 경험하는 것이다.

+ 장애인 부모모임

독일에는 정기적으로 장애인 부모모임을 하는 곳이 여러 군데 있다. 이곳에서는 국가로부터 장애인이 도움을 받는 방법, 특수교육에 관한 정보, 장애아동의 문제를 들으면서 나만의 문제가 아니라 다른 사람에게도 문제가 있다는 것을 발견한다. 가족들에게서 나오는 이야기야말로 실제적으로 중요한 정보들이다. 이런 정보를 들으면 위로가 되고 도움이 된다. 필자가 섬기던 교회는 한 달에 한 번씩 지역 사회 내 장애인 가족들이 모여 장애아동들은 교인자원봉사자들의 특별한 프로그램으로 시간을 보내게 한다. 여기에서 장애인 부모들은 별도로 모여 특별한 강사를 모시고 강의도 듣고 부모들끼리 정보도 교환하는 등 장애인 부모모임을 가지며, 장애인 가족들에게 많은 도움을 주는 것을 보았다. 교회공동체는 장애인 부모모임을 통하여 필요한 정보도 교환하지만, 장애에 대한 인식이 잘못된 경우 성경말씀을 통하여 장애인에 대한 바른 인식을 갖도록 도움을 주어야 한다.

+ 대외 홍보

대외적인 홍보 활동은 큰 의미를 갖는다. 이는 도움 또는 조언 등을 찾는 부모들에게 장애아동의 장애 유형이나 손상 정도 등을 제때에 발견하고 그에 적절한 도움을 줄 수 있는 조기지원 서비스를 되도록 빨리 적용할 수 있게 하기 때문이다. 조기지원에 있어서 필요한 첫 정보들은 주로 출산을 돕는 사람들^{조산원}, 소아과의사 또는 관계되는 병원을 통해 부모들에게 주어진다. 그러므로 그곳에서 종사하는 전문가들과 정기적인 만남을 갖거나 관계자들에게 조기지원 서비스에 대한 정보를 정기적으로 전하는 일이 필요하다. 그 이외에 장애인학부모 모임, 토론의 장, 연중행사, 오픈 하우스, 신문이나 라디오 광고, 정보지 등의 형식을 통해 장애인부모나 장애인 가족에게 직접적으로 그 지역에서 제공받을 수 있는 조기지원 서비스에 대해 알릴 수 있다. 이 경우 그 정보들이 간결하고 이해하기 쉽도록 전달되는 것이 중요하다. 필자는 이러한 사역이 디아코니아에 있어서 중요하다고 본다. 서로에게 필요한 도움을 연결시켜 줄 수 있기 때문이다. 교회공동체의 월간소식이나 주보, 홈페이지 등에 소개하여 필요한 인력을 찾아내고 연결시켜 주는 일이 중요하다. 교회공동체에는 다양한 은사를 갖고 있는 지체들이 있다. 혹은 타 교회와의 노회를 통한 협력으로 연결될 수 있다. 이런 활동이야말로 교회공동체의 디아코니아이다.

+ 순회단체

독일에는 1년 전 뮌헨^{Muenchen}에서 시작된 하나의 순회단체가 있다. '사회적연결망$^{Ak\ Soziales\ Nets}$'이란 뜻을 가진 단체인데, 이 단체는 1년 전 뜻을 같이하는 이들이 모여 준비하다가 조직하였다.

뮌헨^{Muenchen}에서 시작된 순회단체, 즉
사회적 연결망$^{Ak\ Soziales\ Nets}$이란 뜻을 가진 이 단체는
교회마다 방문하며 통합예배를 드려 준다.
이것은 장애인과 비장애인이 함께 악기로 찬양하는 모습이다.

여기에 참여한 사람들은 자원봉사자들이다. 이 단체의 목적은 장애인들에게 신앙교육을 잘 시켜 주는 것을 목적으로 한다. 지금까지 장애인을 돕는 방법은 여러 가지가 있었지만, 신앙적인 도움이 부족하다고 생각하여 도움을 주는 것을 목적으로 조직되었다. 이 단체는 한 지역에서 초대를 받으면 그 지역의 한 교회를 정하여 간다. 그리고 그곳에 장애인들을 초대한다. 그들은 모든 사람들은 하나님의 피조물이라는 것과 하나님 안에서 장애도 선물이라는 것을 주장한다.

예배가 시작되면 목회자가 설교를 할 때 설교에 맞는 내용을 갖고 바로 옆에서 연극을 한다. 그리고 옆에서는 악기를 연주한다. 연극은 설교 내용을 그대로 구성하여 하며, 연주나 연극은 비장애인들이 한다. 목회자의 설교는 상징적인 단어와 표현 등을 통해 간단명료하게 표현한다. 그리고 손유희를 사용한 설교를 한다. 예배가 끝

통합예배 후 장애인과 비장애인이 식사하며 교제하는 모습

나면 다 함께 식사를 한다. 물론 식사도 이 단체에서 준비한다. 한국 교회 공동체에서는 장애인과 비장애인의 통합예배가 쉽지 않다. 통합예배를 위한 자원이나 지원 시스템이 부족한 교회들이 많다. 이런 점에 독일 교회와 같은 순회단체가 조직되어 교회공동체를 방문하여 신앙교육을 할 수 있다면 큰 도움이 될 것이다. 이 단체는, 특히 독일 교회에서 입교교육을 할 때 많이 초대한다. 한국 교회에서도 최근 들어 장애인을 위한 통합예배에 관심이 높아졌는데, 이와 같은 단체가 필요하다고 본다.

+ 자원봉사자 학교

직업으로서 일하는 사람이 아닌 자신의 직업과는 상관없이 자원봉사자로서 일정한 기간과 시간대에 봉사하기 원하는 이들이 있다. 교회공동체가 이들을 찾아내어 봉사의 기회를 주어야 한다. 문제는 자원봉사로 도움을 주기 위해서도 교육이 필요하다는 것이다. 필자는 오래전 독일의 한 양로원에서 자원봉사자로서 수개월간 봉사를 한 적이 있다. 이 당시 휠체어를 끌어 주고 침상에 누워 있는 할아버지 목욕을 돕는 일을 했는데 매우 힘이 들었다. 이 부분에 대한 교육이 없이 봉사의 마음으로만 시작했다가 돕는다고 한 것이 오히려 불편을 끼친 것이다. 이런 점에서 자원봉사도 어떻게 도움을 주어야 하는지에 대한 교육을 받아야 한다. 교회공동체에 유치원이 있으면 유치원을 실습장으로 실습하는 것도 좋다. 독일도 군대를 약 1년 동안 의무적으로 가게 되는데, 이때 군대를 가는 대신 자원봉사자로서 병원이나 양로원 등 여러 곳에서 일하는 이들이 있다. 이와 마찬가지로 한국 사회에서도 군대를 가는 것 대신 산업기관에서 일하기도 한다^{대체복무 제도}. 앞으로 유치원이나 여러 봉사기구에서 일하는 것도 고려해 보아야 한다고 생각한다. 이런 경우에도 역시 자원봉사자로 일하는 이들을 위한 봉사자학교가 중요하다. 동독의 교회는 교회공동체의 사람들 가운데 자원봉사자를 찾아내어 봉사자로 교육시켜 이들을 교회 내 유치원에서 일하게 하였다.

교회공동체가 유치원을 운영할 때에는 중요한 원칙이 있다. 하나님의 사랑으로 아동을 보살피고 이들이 하나님의 사랑을 느낄 수 있도록 도와야 한다. 또한 비영리적 성격을 가져야 한다. 이렇게 될 때 경제적으로 어려운 이들을 도와줄 수 있다. 교회공동체는 유치원을 통하여 성도들에게 봉사의 기회를 제공한다. 교회가 운영한다고 하여 특별한 유치원이 되어서는 안 된다. 일반 유치원의 원칙에서 크게 다를 것이 없다. 사회에 나가 신체적, 정서적, 사회적으로 건강한 아동으로 살아가도록 하는 것이 기본원칙이 되어야 한다.[111]

4. 통합유치원

독일 유치원의 역사는 어떠한가? 사라반제트$^{Sara\ Banzet}$와 루이스 세플러$^{Louise\ Scheppler}$ 등의 여자 성도들이 '스타인탈 데어 포게센$^{Steintal\ der\ Vogesen}$'이란 지역의 '요한 프리드리히 오버리네스$^{Johann\ Friedrich\ Oberlines}$'라는 교회에서 1870년에 "어린아이들을 신앙으로 우리가 돌봐 주자"라는 아이디어가 생겼다. '프리드리히 프뢰벨$^{Friedlich\ Froebel,\ 1782\sim1852}$'이 '유치원^{Kindergartens}'이란 이름을 지어주었다. 하지만 프뢰벨 전, 1835년 뒤셀도르프에서 '테오도 플리드네어$^{Theodor\ Fliedner,\ 1800\sim1864}$' 목사가 '작은아이들 학교'를 디아코니아의 영향으로 만들었다. 그러나 이때는 정식적인 유치원이란 이름이 없었다. 독일에서 처음에는 통합유치원을 하지 않다가 요즘들어 통합유치원으로 전환시키고 있다.

St. Marien Rittmanshausen
유치원 정원

'레벤스힐페^{Lebenshilfe}'도 처음에는 장애인을 위한 특별한 유치원$^{Heil\ Kindergarten}$으로만 시작하였으나 지금은 통합유치원으로 변하고 있다. 헤센^{Hessen} 주는 최근^{2003}년 통합^{Integrative}유치원으로 바뀌어가고 있다. 과거에는 분리되어 있었는데 요즘은 그렇지 않다. 장애인유치원

111) 신민선, 박용순, 기독교와 사회복지, 서울: 예영출판사 2003, pp. 50-51

이 사라져가고 있는데, 여기에도 문제가 있다는 생각이 든다.

한국 사회가 미국 사회에서 실시된 통합교육을 보고 중·고등학교에서 실시를 했는데 오히려 부작용이 있었다. 그 나이에 맞는, 아동의 정서에 필요한 것이 있는데 그렇지 못한 것이었다. 유치원 아동 때에는 좋다. 그러나 어느 정도 성장한 사람들에게는 쉽지가 않다. 아동이 통합교육을 받으면, 성장한 후에도 장애인과 비장애인을 훨씬 더 잘 이해하는 사회가 된다. 특히 한국 사회와 같이 장애인에 대한 인식이 많은 부분에서 부족한 국가에서는 필요하다고 본다. 그러나 아동이 커 가면서는 장애의 유형과 종류에 따라서는 분리교육이 필요하다. 이 시점을 보면서 지금이야말로 한국 사회에 장애인에 대한 아주 좋은 발전의 시점이요 중요한 시기라고 생각한다.

장애인으로 판정이 되었을 때 이들의 부모를 위한, 장애아동을 위한 교육은 어떠한가? 한국 사회에도 장애아동을 위한 재활서비스가 있다. 그러나 실제로는 장애인부모에게 장애인 자녀를 키우는 데 필요한 정보나 교육은 개인적으로 이루어지고 있다. 이것은 법이 없어서가 아니라 한국인의 장애인에 대한 인식의 부족으로 드러내 놓고 교육을 받고 정보를 교환하는 일이 쉽지 않기 때문이다. 물론 요즘에는 부분적으로 장애인 부모끼리 모임을 만들어 활동을 하기도 한다. 이런 모임이 지속적으로 잘 되도록 교회공동체가 이들에게 모임의 환경을 제공하고, 전문가를 연결하여 이와 같은 모임에 도움이 되는 것을 찾아 주어야 한다. 한국 사회는 장애인아동에 대해 보조적인 지원을 하고 있다고는 하지만, 실제로 보조비는 생활 수준에 따라 지원되기에 경제적으로 힘이 없는 사람이 아니고서는 실제적인 도움이 될 수 없다. 이런 점에서 한국 교회공동체의 역할이 중요하다.

〈미술반〉

〈작업반〉

〈놀이그룹〉

한국 교회는, 많은 교회가 유치원을 운영하기 위하여 시설과 건물 등이 준비되어 있다. 여기에 전문적인 특수교육을 받은 교사를 배치하고, 시설환경을 장애인이 사용할 수 있는 것으로 전환시킨다면 큰 힘이 될 것이다. 지금 현실은 장애아동이 유치원에 가기 어려운 형편이고, 통합유치원은 한국 사회에서는 아주 먼 이야기처럼 들린다. 한국 사회에서 사설유치원으로 장애자녀들을 보내기에는 경제적 문제가 걸림돌이 된다. 다른 문제로는 비장애아동 부모들이 통합유치원을 원하지 않는다. 이런 문제를 교회공동체가 해결해야 한다. 한국 사회에서는 교회들이 지역 곳곳마다 많이 위치하고 있기 때문에 장애아동이 거주지의 가까운 곳에서 양육을 받을 수 있는 충분한 가능성이 있다. 뿐만 아니라 한국 교회공동체에는 많은 성도가 있다. 이러한 성도를 훈련하여 자원봉사자로서 섬길 수 있도록 길을 열어 준다면 커다란 자산이 될 것이다.

1980년대 이후 나날이 발전되는 통합의 추세에 맞춰 일부 특수교육전담 어린이집들이 비장애아동의 입학을 받아들이며 시간의 경과와 함께 전문통합어린이집으로 발전했다. 이러한 추세라면 '특수교육전담어린이집'이라는 개념은 수년 내에 더 이상 존재하지 않게 될 것이다. 현재, 장애아동부모들이 선호하는 통합어린이집이 예전에 장애아동만을 위해 운영되었던 기존의 특수교육어린이집의 역할을 수행하고 있다.

1992년에 독일에서는 통합교육시스템이 개발되었는데, 이것은 각 연방에 따라 약간의 차이가 나타나기는 했지만 기본원칙은 일치했다. 이 시스템에 따라 통합유치원(어린이집)은 다음과 같이 조직되었다. 한 반의 인원 수는 최대 15명으로 제한하며, 그 중에 4~5명의 장애아동을 포함시킨다. 각 반은 2명의 전문교사가 지도하며 그중 한 명은 특수교사이거나 최소한 특수교육 분야의 재교육 연수를 마친 사람이어야 한다. 일반적인 유치원에 장애아동을 입학시키는 경우에는 통합교육에서 요구하는 것을 충족시키기 위해 특수교사의 도움을 받을 수 있다. 이 교사는 통합을 필요로 하는 장애아동 수에 따라 각 15시간씩의 근무 조건으로 고용된다.

아이들은 유치원에 들어가면서 인간들이 서로 살아가는 방법, 부모와 보모들이 행동을 어떻게 하는지를 보고 배우게 된다. 가정 안에서 그리고 유치원에서 동일한 원칙 안에 양육되어지며, 교회공동체 안에서 서로 돕고, 용서하는 것을 배운다. 여기에서는 우리 교회공동체들이 이런 교육 제도로 나아가야 함을 말하는 것이다. 우리는 서로 진실하며, 더욱 열린 관계가 되어야 한다. 그리고 우리는 스스로 돕는 단체를 만들어야 한다. 그들을 감싸 주고, 죄책감을 느끼지 않도록 도와주며, 부담되는 질문을 하지 않는다. 이것이 바로 하나님이 우리에게 행하시는 것과 동일한 방법이다. 이러한 실제적인 연습을 아이들에게도 해 주어야 한다.

교회공동체는 교육적 의무가 있다. 왜냐하면 교육하는 사람들도 찾아 주고, 가족의 일을 대신 도와주며, 사람들도 보호해 준다. 교회공동체는 만일 장애인 가족과 비장애인 가족끼리 서로간의 이해관계로 갈등이 생기면 그들의 문제를 놔두는 것이 아니고, 해결책을 모색하여 도와야 한다. 교회공동체가 또 다른 교육의 의미가 있다는 점은 교회공동체 안에서 사람들이 서로 함께 사랑하며 행복하게 살 수 있는 것을 배우게 하며, 교회공동체에서 사람들이 서로 만나고 대화하며 서로를 돕는 곳으로 여겨지기 때문이다.[112] 이것의 중심은 장애인과 비장애인이 서로 알게 하며 교제하게 하는 일이다. 이를 위해서는 서로간의 우월감이나 무력함이 사라져야 한다. 비장애인도 장애인을 배워야 하는 것처럼 장애인도 자신이 장애인인 것을 이해하고 받아들이며, 도움을 받는 것을 배워야 한다. 따라서 모든 아이들은 자기의 능력에 대한 감정과 사회적 인식의 수준을 개발시켜야 한다.

그러나 통합유치원을 운영하는 데에는 여러 가지 어려움과 문제점이 있다. 서로간의 이해와 도움이 없이는 결코 쉬운 일이 아니다.

+ 예를 들면 다음과 같은 문제점이 있다.
* 제한된 근무 시간은 그룹 내에서 상황이나 관계설정 등에 한계를 보인다.
* 근무 시간이나 임시적 계약을 맺은 교사의 경우 이직률이 높다. 이러한 이유로 이 자리는 특수 교육에 대한 경험이 부족한 직업초년생들로 채워지는 경우가 많다.
* 유치원 내의 치료에 어려움이 있다. 그 이유로 파트타임치료사 인건비를 지불하기에는 장애아동의 수가 충분하지 않기 때문이다.
* 일부 집중적인 돌봄이 필요한 장애아동의 경우 유치원에서 감당의 한계가 있을 경

---

112) John Hofmeister, Der Kindergarten in der Pfarrgemeinde, Echter Verlag, Wuerzburg 1992, S.83

우 입학이 거부되거나 다른 유치원으로 옮겨야 하는 경우가 생긴다.
* 특수교육시설들이 문을 닫거나 다른 시설로 전환하는 경우, 그때까지의 가치 있는 경험들이 함께 없어진다.

    이러한 문제점을 극복하기 위하여 독일의 헤센^{Hessen} 주에서는 이론적으로 장애아동은 모든 유치원에서 교육을 받을 수 있게 했다. 각 반에는 1~5명의 통합대상 장애아동이 포함되며, 프로그램이나 수요에 따라 반의 규모를 결정한다. 가능한 많은 장애아동들이 거주지에서 가까운 유치원에 다닐 수 있는 것이 바람직하지만, 그중에는 집중적인 돌봄을 필요로 하는 장애아동도 있다. 이 아동들은 가까운 곳이라 해도 원하는 유치원에 입학할 수는 없다. 특수교육을 담당했던 그룹들이 없어짐으로 해서 중증장애를 가진 많은 장애아동들이 적절한 지원으로부터 제외되었다. 독일 연방정부는 각기 다른 장애인통합시스템을 가지고 있지만, 원칙은 매우 유사하다. 개별통합은 공식적으로 통합유치원이나 일반적인 유치원에서 같은 시기에 시행되었다. 그러나 일반적인 유치원에서는 개별통합이 특이한 경우로 유지되었기 때문에 이론적, 조직적 그리고 전문적인 분야에 한해서는 월등히 앞서갔다.

    이 외에도 독일 정부는 풍족한 재정지원과 병역대체 복무자를 배치시키는 형태로 지원을 하였다. 이것은 일반적인 유치원이 더 많은 시간을 장애아동을 위해 투자할 수 있도록 하였고, 풍족한 재정 지원은 교사로 하여금 좋은 교구를 구비할 수 있는 환경을 만들 수 있게 하였다. 건물을 장애인에게 편리하도록 구조를 변경하거나, 적절하게 재건축을 하는 일도 가능해졌다. 통합유치원에는 전문적인 치료공간까지 설치되었는데, 이 공간은 각 장애아동이 한 주에 최소 한 번이라도 사용할 수 있도록 하였다. 또한 치료사들이 고정적으로 근무를 하거나, 각 유치원의 필요에 따라 '방문치료사'라는 이름으로 매주 2~3일 전문적인 치료를 제공할 수 있게 되었다. 이러한 환경은 유치원 교사들과 치료사들 간의 대화와 협력도 가능하게 했다. 장애아동들은 치료를 위해 유치원이나 집에서 따로 이동을 하지 않아도 되었고, 장애아동부모들에게는 시간과 이동의 부담을 더는 데 도움이 되었다.

    전과 비교하여 많은 유치원의 여러 조건들이 좋아졌음에도 불구하고 특수교사의 역량에 대한 기대가 큰 것은, 각각의 다른 장애의 유형에 대처하며, 그에 따른 적절한 교육목표들을 개발해야 하기 때문이다. 이 경우 개개의 특별한 치료형식들과 교육적인 목표들은 상응, 보완할 수 있어야 한다. 이것은 유치원 일반교사와 특수교사와의 업무상 긴밀한 협력과 정기적이고 자세한 정보교환이 매우 중요한 이유이다. 일상의 양육, 교육 그리고 치료는 예전뿐 아니라, 오늘날까지 이 원칙 안에 서로 조화를 이룸으로 효과적인 단일성을 보일 수 있다.

(1) 목적

통합유치원은 법률적, 제도적, 교육학적으로 잘 작성되고 조직된 기구다. 사회의 추천과 도움, 방침이 통합유치원을 만들었다. 통합유치원은 새로운 방법의 길을 위해 만들어야 한다. 통합교육은 어려서부터 시작해야 한다. 통합유치원은 일반적인 유치원보다 더 많은 것을 가르쳐 주게 된다. 어려서 지혜가 더 왕성하기 때문이다. 장애인의 통합교육은 학교를 입학하기 전에 이루어져야 한다. 그 이유는 이때가 많은 것을 배울 수 있는 능력이 있기 때문이다. 또한 교회공동체의 운영제도는 "완전한 초보적 개인 교육은 신앙으로부터 온다"는 것에서 출발해야 한다.

완전한 교육이란 육신적·정신적으로 모든 힘을 다 사용하게 한다. 이 뜻은 유치원 양육은 연령에 따라 나누어지지 않고 영적, 정신적, 육적인 모든 것을 나이에 상관없이 모두 섞어서 배우게 한다. 기본교육은 기본을 알고 기본적 지식을 어떻게 사용할 수 있는지를 알게 하는 것이다. 이후에 이것으로 생활하도록 준비시켜 주는 일이 통합유치원의 의무이다. 이런 모든 교육은 신앙 안에서 온 것이다. 교육을 전체적으로 보면 앞부분의 중요한 일은 사람들과 관계성, 신뢰감, 삶을 포기하지 않고 사는 방법을 알려 주는 것이다. 인류학의 기본 안에서 제일 중요한 교육 중심은 사람을 이해하는 것이다. 사랑을 이해함에 있어 기독교적 인간 이해가 중요하다. 그것은 신뢰를 강하게 하고 삶을 포기하지 말 것을 요구하며 인간관계 능력을 개발하는 것이다.[113]

유치원의 목적은 모든 아이가 통합교육을 받고, 위에서 제시한 사항들을 수행해 나가는 것이다. 유치원과 교회공동체는 두 자립적 사회기구이다. 교회가 운영하는 유치원은 상호관계적으로 아동, 부모, 보모, 목회자 그리고 교인들 속에서 상호간에

---

113) John Hofmeister, Der Kindergarten in der Pfarrgemeinde, Echter Verlag, Wuerzburg 1992, S.88

서로 도우며 개발해야 한다. 목회자와 유치원 간의 완벽한 협동은 양육과 교육의 결과에 도달해야 하며, 교회공동체의 교육기준을 안내한다. 교육기준은 교회공동체가 부모와 아이들에게 어떻게 만들어 갔는지, 어떻게 성장하는지에 대하여, 그리고 어떤 것을 주의해야 하는지에 대해 이야기한다. 유치원에서 노래, 놀이, 연극, 축제 등을 통하여 부모에게 교육을 보여 줄 수 있다. 교회공동체는 유치원 아이들을 보면서 사람이 어떻게 성장할 수 있는지를 이해한다.[114] 이런 것을 통하여 교회공동체 구성원의 신앙이 더 성장할 수 있다.

교회공동체는 교육적으로 뜻이 있는 인간의 모습을 만들어 간다. 우리는 하나님의 형상, 하나뿐인 존재로서 하나님이 우리에게 주신 선물이다. 하나님의 형상으로 창조되었다는 인간 이해가 양육의 기본이다. 자신을 스스로 신뢰하고, 인간과 하나님과의 관계를 회복하는 것이 기독교적 양육의 목적이다. 신뢰는 인간에게 능력을 준다. 삶의 두려움을 주고 항상 긍정적인 답을 준다. 그래서 신뢰가 중요하다.

그리고 포기하지 않는 삶이 교육에 있어서 용기 있는 중요한 일이다. 계속해서 상투적이고 긍정적인 면을 말하는 것이 아니고 자기 스스로 결정하며 할 수 있다는 것을 배워야 한다. 관계성의 능력은 자연과 사람에 대한 책임감으로 나타나며, 사람의 행동으로 공동체 안에서 나타난다. 관계성은 자기중심적인 사람, 남을 신경 안 쓰는 사람, 질투를 막는 것이다.[115] 교회공동체는 말하자면 통합유치원에 대한 모범이 되어야 한다. 시설과 교회공동체 안에 있는 모든 모습이 동일하게 유치원에서 보여지기 때문에 교회공동체가 모든 일을 잘 해야 한다. 그래서 교회와 유치원이 자주 교제하는 일을 만들어야 한다. 요즘에는 토론을 자주 하는데, 과연 통합유치원이 얼마나 자주, 어디까지 해야 하는지에 대한 논의가 교회 내에서 자주 열린다.

교회공동체가 운영하는 유치원은 기독교 신앙교육이 살아나야 한다. 장애아동과 함께하는 교회공동체라면, 모든 인간을 다 수용하는 공동체이다. 어린 장애아동과 함께하는 교회공동체라면 그런 공동체는 모든 인간을 좋아하는 공동체이기에 이러한 공동체는 가족, 신앙, 교육을 다 잘 하는 그런 공동체이다. 그리고 서로의 삶을 통하여 바르게 살아가는 것을 배울 수 있는 공동체이다. 통합유치원, 가족과 교회공동

---

114) Ebd, S.19
115) Ebd, S. 65

체는 항상 서로 예배와 친교를 한다. 예배와 친교는 교회공동체를 통하여 우리가 하나라는 것을 더욱 느끼게 해 준다. 이런 것으로 우리가 같은 한 공동체라는 느낌을 주어서 안정감을 준다. 아이들도 이런 공동체를 통하여 자신도 공동체의 일원이라는 소속감을 배우게 된다. 유치원에서 하는 예배도 일반 교회공동체와의 비슷한 경험을 할 수 있다. 만약 유치원이 교회공동체의 예배를 함께 나눈다면 유치원에서 하는 예배라도 이것은 분명히 함께하는 예배이다.

하나님이 인간을 창조하신 이유 그리고 하나님의 형상을 이해하는 것은 기독교 신앙교육의 목적이 되어야 한다. 이런 것들을 유치원에서도 가르쳐야 한다. 기독교 유치원에서 돌보는 사람들은 기독교적 사고를 충분히 갖고 있어야 아이들한테도 가르쳐 줄 수 있다. 이런 사람을 찾으면, 그 사람이 성실한지 그리고 좋은 관계성을 갖고 있는지, 아이들에게 그 사람이 잘 맞는지, 아무리 다른 것이 좋아도 아이들이 싫어한다면 소용이 없다. 이런 조건들이 잘 맞아야 그 사람이 좋은 교사가 될 수 있다.

기독교 신앙교육은 신앙에 대하여 배우며, 배운 것을 토대로 함께 사는 삶이다. 2차 대전 후 독일의 많은 교회들이 유치원의 운영을 담당했다. 그 당시 독일이 아주 안 좋은 상황에도 기독교적인 관점에서 유치원을 운영하고자 여러 가지 시도를 많이 하였다. 독일교회총연합회^{EKD}는 이미 오래전에 통합유치원을 시도했다. 그래서 교회공동체의 유치원에 대하여 사람들은 통합유치원으로의 운영을 당연하게 생각하였다.[116] 이로 말미암아 독일 교회에서 목회자의 사역은 점점 더 많아졌다. 목회자들은 생각한다. '그렇지 않아도 목회의 일이 많은데 과연 우리들이 이런 일을 할 수 있을지, 과연 통합의 삶을 이룰 수 있을지' 고민하게 되었다. '차라리 이런 기독교 단체들이나 통합유치원을 비롯한 기관을 기독교에서 운영을 하지 않는 것이 낫지 않을까'라고 생각하였다. 하지만 많은 목회자들이 이런 질문을 공개적으로 이야기하기보다는 스스로에게 질문을 하였다. 이것은 다시 말해서 독일 교회 목회자들의 일이 이것으로 힘들었다는 것이다. 유치원 운영을 위한 교회의 경제적인 부담이 매우 컸다. 하지만

---

116) John Hofmeister, Der Kindergarten in der Pfarrgemeinde, Echter Verlag, Wuerzburg 1992, S.5
117) Axtmann, H.,Kirchliche Institutionen und Einrichtungen ohne Erfahrbarkeit von Kirche in: Lebendige Seelsorge 37 1986, S.257
118) Manderscheid, H.,Vom christlichen Liebesgebot zum Lernort des Glaubens – Was ist ein katholischer Kindergarten?, in: Th.Schnabel (Hg.), Versorgen/bilden/erziehen: 1912-1987, Festschrift des Zentralverbandes katholischer Kindergaerten und Kinderhorte Deutschlands, Freiburg 1987, S.236

부모들은 경제적 도움을 멀리하였다. 유치원에서 일하는 교사들이 신앙은 좋은데 일하는 현장에선 잘 맞지 않은 경우가 있다.[117] 만약에 교회가 통합유치원을 운영하지 않는다면 교회공동체는 디아코니아의 중요한 목적을 잃어버리는 것이다. 교회공동체는 교회의 사명을 포기하는 것이다.[118]

그러므로 교회공동체의 유치원에서는 장애아동이 거부되지 말아야 하고, 교사도 일하면서 신앙이 약화되어서는 안 된다. 유치원은 인간에게 교회공동체가 연결되는 고리가 되어야 한다. 이런 과정을 통해서 부모들은 많은 질문을 한다. "과연 우리가 잘 선택한 것인가? 어떤 방향으로 갈 것인가? 정말 아이를 도와줄 수 있는가?" 그리고 자신들도 다시 신앙을 회복하고 자녀를 통해 신앙을 배우게 된다.

부모와 장애아동은 유치원 활동을 통해 교회공동체에 대한 경험을 하게 된다. 교회공동체에 거리를 두었던 장애아동부모에게는 약간의 체험을 다시 하는 기회가 된다. 유치원을 잘 만들려면 교회공동체의 성도들이 도움을 주어야 하며 이것이 성도들의 일이라는 것을 알아야 한다.

(2) 조직

통합유치원을 교회공동체가 운영할 때에는 운영에 있어 교회가 관리를 하기에 부모와 원장 및 교사 그리고 교회공동체가 함께 운영한다. 정기적인 회의를 통하여 이들은 우리가 더 잘해야 할 것이 무엇인지, 내년에 무엇을 할지, 어디서 재정과 교육방법에 대한 도움을 받을 수 있는지 논의를 한다.[119] 한국 교회공동체에서 유치원을 운영하기 위해서는 경제적인 문제가 중요하다. 어떻게 필요한 재정을 채울 것인가? 독일 사회와 다르게 한국 사회에서는 교회공동체와 정부가 분리되어 일한다. 독일은 교회와 정부가 상당히 밀접하게 일하고, 교회도 지역 교회와 연합하여 일한다. 그래서 교회와 부모 및 국가의 협조로 운영한다. 그 외에 개인적인 보조를 받는다. 국가의 지원은 일반적으로 인권비에 사용된다. 한국 교회는 가능하면 서로 협력하는 분위기가 될 수 있도록 협력 체제를 만들어야 하며, 또한 재정 지원을 위해서도 정부의 보조 프로그램도 활용하고, 비장애인들의 스폰서와 민간 단체와의 협력도 연구해야 한다.

---

119) Hans Meister, Gemeinsamer Kindergarten fuer nicht behinderte und behinderte Kinder, Werner J. Roehrig Verlag, Sarbruecken 1991, S.27

유치원은 자체적으로 운영 규칙을 만들고 교육프로그램을 개발하고 선택할 수 있다. 이때 유치원 현실에 맞는 자체적인 규칙을 만들게 된다. 그러나 통합유치원을 운영하기 위한 목표를 두었다면 근본적인 토대를 정해야 하며 이 토대는 변하면 안 된다. 통합유치원을 운영하는 데 있어서 뜻밖의 어려운 일이나 예상된 어려움을 만날 수 있다. 이런 경우 운영단체는 운영상 어려움이 있으면 통합유치원의 토대가 흔들릴 수 있다. 통합유치원 운영을 위하여 이것만은 반드시 해야 할 과제로, 운영토대를 만들어야 한다. 이런 운영토대가 만들어질 때, 장애아동의 치료뿐만이 아니라, 비장애아동과 장애아동이 함께 성장해 갈 수 있다. 예를 들면, 사회성 개발이다. 이런 면은 모든 아동에게 중요한 과제이다.

유치원의 반 편성에 있어서 장애아동을 모든 반에 일정한 숫자로 편성해야 하며, 모든 아동이 키가 큰 아이, 작은 아이가 있듯이, 아이들 나름대로 잘하는 일이 있고 못하는 일이 있다. 이런 개개인의 특성을 생각하며 장애의 유형과 아동의 성격에 따라 인정해 주고 교육해야 한다. 물론 비장애아동도 마찬가지로 이런 부분을 신경 써 주어야 한다. 이런 모든 구조는 유치원 운영의 외적인 조건들 이상의 내적인 중요한 과제이다. 유치원 조직에 있어서 운영자나 교사, 자원봉사자 그리고 부모들은 서로 협조하여 장애아동을 특별하게 취급하지 않고, 비장애아동과 같이 대우하며 함께 성장하도록 프로그램을 개발하고 치료하며 교육해야 함을 잊어서는 안 된다.

A. 운영자

유치원의 운영자는 교회공동체이다. 교회가 운영자가 될 때, 유치원에서는 신앙지식을 알려 주고 기독교인의 삶을 준비시켜 줄 수 있다.[120] 하지만 교회공동체와 연결 안 된 유치원은 분명한 목적 없이 가게 된다. 유치원의 전체적인 부분을 이해하고 교육에 대한 분명한 소신 없이 통합에 대한 관계가 이루어지지 않은 채 일을 하게 된다. 결국 일반교육도 아니고 신앙교육도 아닌, 단지 아동을 모아서 가르쳐 주는 곳이 될 수 있다. 통합유치원은 교회공동체와 가족의 중간에 서게 된다. 아이들에게 새로운

---

120) Beschluss "Schwerpunkte kirchlicher Verantwortung im Bildungsbereich", in: Gemeinsame Synode der Bistuemer der Bundesrepublik Deutschland, Offizielle Gesamtausgabe, Freiburg 1976, S.527
121) John Hofmeister, Der Kindergarten in der Pfarrgemeinde, Echter Verlag, Wuerzburg 1992, S.42

환경을 만들어 주고, 늘 부모와 있기보다는 유치원을 통해 비장애아동도 만나고 새로운 경험을 하며 음악과 자연 및 스포츠 활동을 통하여 놀이활동의 경험을 통해 자유를 느끼게 해 주는 것이다. '너'와 '공동체', '함께'라는 주제의 중심으로 가는 것이다.[121] 목회자는 유치원에서도 필요한 일이 있다. 항상 기독교적인 것으로 연결시켜줄 수 있다. 목회자는 결국 유치원에서 일을 제공하는 사람이다. 또한 유치원의 운영자이고, 목회적으로 교육하는 사람을 키워야 한다. 나아가 교육하는 사람과 관계도 좋아야 하고, 그래야 일하는 동기가 강해진다. 그렇지 않으면 동기 부여가 사라진다. 일하는 사람의 휴가와 일하는 시간에 대하여도 분명하게 이야기해야 한다.

+ 운영자의 사역
* 직원채용
* 예산집행
* 업무시간, 회의, 휴가 계획 등을 함께 기획
* 직원평가
* 중간평가와 마지막 평가
* 시설물에 대한 결정
* 업무책임을 분배하는 일
* 직원들의 업무평가 확인

운영기관은 교회공동체이기에 교회와 유치원의 관계가 잘 형성되어 가야 한다. 이럴 때 유치원은 계속 성장할 수 있다. 통합유치원은 유치원에서 일하는 사람이 교회에서도 일하고, 교회에서 일하는 사람이 유치원에서도 일하는 경우가 많다. 교회공동체의 목회자와 장로는 유치원을 어떻게 도울 것인지 연구하고, 유치원 원장도 교사들과 실습생과 만나 어떻게 교회공동체를 도울 것인지 연구한다. 목회자는 양쪽의 회의에 함께 들어가서 모든 일을 듣는다. 유치원생 중 도움의 손길이 필요할 때 교회와 연결되어 교회공동체 중에서 도울 수 있다. 어떤 문제가 발생되면 이처럼 서로 해결하고자

122) John Hofmeister, Der Kindergarten in der Pfarrgemeinde, a.a.O., S.98

노력하며 신앙으로 해결하면서 유지한다.[122] 운영자가 교회공동체이기에 신앙교육을 소개시켜 주는 것이 좋다. 이와 같은 구조가 한국 교회공동체에 건강한 모델이 되었으면 좋겠다. 한국 교회공동체는 선교사가 만들었기에 기독교적인 통합유치원이 될 수 있다. 이 일은 21세기의 중요한 과제 가운데 하나이다.

B. 전문교사

장애아동을 위한 교육프로그램을 위해서 유치원에서는 다양한 분야의 전문가들의 협력을 필요로 한다. 치료사, 의사, 돌보는 자, 특수교사, 사회복지사 등의 협력이 필요하다. 전문교육을 받은 사람들, 특수교육 혹은 심리학을 공부한 사람, 아이들 간호사, 재활치료사, 레크리에이션 강사, 청소 및 요리사, 돌보는 교사 등이다.[123]

+ 전문 분야에 대한 자격

장애와 관련된 특수교육학과 교수학 두 전문 분야의 기초 지식과 활용할 수 있는 방법론적인 능력과 그러한 '전문 분야'는 여러 종류의 장애를 위한 세분화된 교육학을 의미한다. 지체장애인, 맹시각장애, 청각 장애, 언어장애, 지적장애, 발달장애, 자폐스펙트럼, 학습장애교육학 등. 특히 장애인을 대상으로 하는 치료와 교육 분야에 종사하는 전문인은 가장 기초적이고 직접적인 서비스를 제공하는 위치에 있기 때문에 독일의 경우 일반 유치원 교사를 위한 교육 과정을 비롯하여, 실습 경험을 가진 18세 이상의 학생이 입학할 수 있다. 2년의 사회교육을 위한 이론 위주의 전문학교 과정과, 1년의 실습 과정으로 이루어져 있다. 이 학교의 졸업생들은 주로 여러 종류의 유치원이나 초등학교 방과 후 교실 등에서 교사로 근무하게 된다. 이후 최소 2년 동안 이 분야의 직업 경력을 가지고 2년의 특수교육 전문학교 과정을 추가로 마치면 특수교사가 될 수 있다. 특별히 업무에 필요한 전문적인 능력 외에도 여러 인성적인 자질들, 예를 들면 인내심, 영향력, 정직함, 개방성, 민주적 태도 등이 요구된다. 이것은 특수교사는 일반교사보다 더 많은 경험과 전문기술이 요구된다는 것이다. 왜냐하면 때때로 특수교사가 부족하여 일반교사가 단기간 배워서 사역을 할 경우에는 적지 않은 위험성이 나타날 수 있기 때문이다.

---

123) Hans Meister, Gemeinsamer Kindergarten fuer Nicht behinderte und Behinderte Kinder. In: Saarbruecker Beitraege zur Integrationspaedagogik Band 5, Werner J. Roehrig Verlag, St. Ingbert: Roehrig, 1991, S.28

레벤스힐페의 경우에는 전체의 약 55퍼센트가 전문교육을 받은 사람들이다. 이 기관의 전문가는 교육대학이나 전문대학의 수료자이며, 특수교육을 추가로 공부한 사람들로 구성되었다. 유치원의 특수교사는 아이들과의 경험이 풍부하여 장애아동과 놀아 줄 때 의미 없이 놀지 않고 신앙적인 관점으로 놀아 줄 수 있어야 한다. 또한 장애아동을 잘 돌볼 줄 알아야 하며 다른 교사, 직원 및 봉사자와의 팀워크를 잘 이룰 줄 알아야 한다. 다른 사람과 연합을 잘 못하는 성격이면 아무리 실력이 좋아도 문제가 된다. 뿐만 아니라, 특수교사는 장애아동 개인의 소질, 신체조건, 흥미, 특성을 종합적으로 이해할 수 있어야 한다. 그리고 합리적인 선택을 할 수 있는 많은 지식과 기술이 요구되고, 새로운 이론을 받아들이고 적용하는 능력이 요구된다. 이 일을 위해 특수교사 자신은 여러 분야의 전문인과 장애아동 부모 사이에서 협력과 의견 교환 등에 열린 사고를 가지고 있어야 한다. 돌보는 사람들도 아이들과의 경험을 통하여 그 기분을 생각하면서 잘 돌보아야 한다. 교회공동체가 교사에게 반드시 성경을 가르치라고 요구하지는 않을 것이다. 그러나 교회가 "어떻게 신앙교육을 할 것인가?"[124] 요구할 수 있다. 기독교의 돌봄은 제일 먼저 본인 스스로 기독교적인 삶을 살아간다는 분명한 의식이 중요하기 때문이다. 특수교사가 기독교적인 방법으로 어떻게 교육할 것인지에 대한 소신을 분명하게 갖고 있어야 한다. 교사의 신앙적인 소신 없이는 이런 일을 하기가 쉽지 않다.

* 항상 눈을 보며 이해하는 자세로 대화해야 한다.
* 상담 후, 의사나 치료사와 연결 될 수 있다는 것을 알려 주어야 한다.
* 장애아동의 동의 하에 규칙적으로 관계성을 유지해야 한다.
* 매년 무엇이 더 좋아졌고 나빠졌는지의 결과물을 보내 준다.
* 장애아동이 어떻게 자극에 반응하는지 살핀다.
* 장애아동이 어떻게 정보를 처리하는지 안다.
* 장애아동이 다른 사람들과 어떻게 의사소통하는지 본다.

---

124) Nach Sustar bedarf christliche Diakonie einer Erneuerung, einer theologischen, spirituellen und pastoralen Vertiefung, wenn sie nicht bloss organisierte Caritas und aeussere Sozialhilfe bleiben will. Vgl. A. Sustar, Diakonie in einer erneuerten Pastoral, Hrsg. Von J.Wehner/H.Erharter, Wien 1978, S.106-123

* 장애아동이 문제를 해결하기 위해서 어떻게 문제에 접근하고, 계획을 세우고, 실행하는지 살핀다.
* 계속해서 교정해 주고, 지속적으로 프로그램을 개발한다.
* 실습과 연결, 조직을 만들 때 자기 의견을 말할 수 있도록 돕는다.
* 자기의 일자리를 설명하고 다른 사람들과 함께 조직을 만들 때 연합한다.
* 외부에서 일하고 싶으면 환자와 이야기를 한다.
* 가족하고 만나기 원하면 먼저 예약한다.
* 모든 일을 규칙적으로 점검한다.
* 부모에게 항상 알려 준다.
* 부모가 항상 질문을 하도록 기회를 준다.
* 부모가 다른 부모와 이야기 나누도록 모임을 마련해 준다.
* 누가 결석했는지 출석을 체크한다.
* 도와줄 수 있다는 홍보를 해야 한다.

C. 자원봉사

기독교인의 삶에 있어서의 장점은 하나님이 사람에게 예수님을 만날 수 있는 기쁨을 주신 것이다. 그래서 예수님은 우리에게 사랑을 하게 만드셨다. 또한 이 사랑을 받은 자들은, 다른 이들에게 이 사랑을 나누어 주기를 원하신다. 세례가 기독교에서는 하나의 전달 과정이고, 또는 하나님이 특별한 사람들을 찾아서 다른 사람들에게 이것을 전하라고 말씀하셨다. 그래서 많은 자원봉사자들은 힘이 있다. 이 힘은 주님이 주신 특별한 은혜다. 자원봉사자들을 통하여 이런 것을 할 수 있다. 함께 봉사하고, 남을 도울 수 있는 것, 자기의 능력을 좋은 곳에 사용할 수 있는 것, 새로운 것을 배울 수 있는 것이 가능하게 한다. 자원봉사자들은 교회공동체 안에서도 많은 일을 하지만, 교회가 아닌 교회 밖에서도 일을 할 수 있다. 많은 분야에서 다양하게 일을 할 수 있다.

+ 자원봉사자의 사역

* 일을 하기 위한 이력서 작성을 돕는 일
* 보험을 도와주는 일
* 개인 정보를 정리하는 일
* 얼마나 돈을 받는지 점검해 주는 일
* 모든 사람들에게 개인서류함을 만들어 주는 일
* 일하는 자리를 돌봐 주는 일
* 비서적인 일과 문서를 작성하는 일
* 우편물 도와주는 일
* 전화 봉사하는 일
* 사무실 기기 주문하는 일
* 얼마나 돈을 내야 하는지 알려 주는 일
* 필요한 서류를 모으는 일
* 얼마나 돈을 지출했는지, 얼마나 돈이 필요한지의 경제 관리를 해 주는 일
* 도서를 구입하는 일
* 재정을 관리하는 일
* 시설물을 관리하는 일
* 장애인의 질문을 돕는 일
* 그 외의 요구사항을 도와주는 일

기독교의 사람들은 모든 이들에게 하나님이 주신 선물^{은사}이 있다. 이것을 발견하지 못한 사람은 자원봉사자를 통하여 선물^{은사}을 찾을 수 있고, 선물^{은사}를 찾은 사람은 이 선물^{은사}을 가지고 봉사할 수 있다. 한국 교회공동체는 성도들의 은사를 발견하여 봉사의 삶을 살아가도록 길을 열어 주어야 한다. 독일의 경우 시민봉사$^{Zivil\ Dienst}$로 군대에 갈 사람들이 병원이나 장애단체, 혹은 봉사단체에서 군 복무 대신 일하는 것을 말한다. 한국에도 비슷한 대체 복무가 있는데, 대체 복무지를 확대하여 봉사 단체에서 일할 수 있도록 하는 것도 하나의 방법이 된다.

D. 부모

장애인 자녀를 둔 부모가 교사에게 모든 상황을 이야기해 주면 큰 도움이 된다. 이런 교사들은 대체로 많은 양육의 경험이 있기에 몇 가지 정보도 큰 도움이 된다. 예를 들면, 장애인의 습관과 흥미를 알면 장애아동에게 도움이 된다. 또한 부모가 유치원을 돕는 것이다. 장애아동의 부모가 유치원을 도와주면 장애아동도 좋아하고 유치원에도 큰 도움이 된다.[125] 이런 점에 부모들이 유치원의 운영에 적극적으로 봉사하고 참여하는 것이 좋다. 처음에는 아이들이 새로운 교사를 보면 두려워하고 거리를 둔다. 이것은 비장애인아동도 마찬가지이다. 이것을 막기 위해서는 가정에서 유치원 교사를 미리 만나는 방법도 있다. 부모에게도 두려움이 있다. '우리 아이가 유치원 생활을 잘 할까? 혹시 비장애아동들에게 놀림을 받지 않을까?' 하는 두려움이 그것이다. 이런 점에 있어서 장애아동의 부모는 교사를 미리 만나 상담하는 것이 좋다.[126]

장애아동에게 확실하게 신앙의 도움을 주기 원한다면, 부모는 가족 안에서 기독교적 신앙교육을 확실하게 보여 주어야 한다. 신앙적 가르침은 특수한 사람만 배우는 것이 아니고, 모든 아동이 다 배운다는 것을 알려 주어야 한다. 그리고 유치원에서 뿐 아니라 모든 장소에서 이렇게 해야 한다는 것을 알려 주어야 한다. 부모들이 유치원에서 얻고자 하는 것은, 장애아동이 유치원에서만 이것을 지키는 것이 아니고, 사회 속에서도 스스로 이것을 지키며 사는 것을 기대한다.

장애자녀의 부모는 기독교의 가르침을 장애자녀에게 가르치면 좋은 점이 자녀에게 형성될 것이라 믿는다. 이런 믿음 때문에 기독교 단체를 사람들이 선택하게 된다. 장애인부모세미나, 유치원의 부모모임, 유치원 교사회의, 공동체 협회 그리고 설교시간, 특별예배[결혼, 세례] 등을 통하여 신앙교육을 받게 된다. 이런 모임 중에서 중요한 주제들은 이렇다. "자녀를 어떻게 신앙으로 키울 것인가? 자녀가 어떻게 부모를 신뢰하게 만들 것인가? 자녀를 통하여 배울 신앙의 자세는 무엇인가?" 하지만 이런 주제들은 부모가 주의해야 할 부분이 있다. 장애아동의 부모가 자녀와 비슷한 상황에서 이해하고, 자녀의 입장에서 의견을 들어주며, 자녀와 함께 있음을 알려 줌으로써 장애자녀가 두려움을 느끼거나 문제를 피하지 않고 함께 해결할 수 있도록 도와야 한다.

---

125) Hans Meister, Gemeinsamer Kindergarten fuer Nichtbehinderte und Behinderte Kinder, a.a.O., S.74
126) Hans Meister, Gemeinsamer Kindergarten fuer Nichtbehinderte und Behinderte Kinder, a.a.O., S.69

장애아동을 교육할 때는 가족의 참여가 필요하다. 그 이유로 전문가는 일주일에 1~2번 정도 가정을 방문하지만 장애자녀의 부모는 매일 자녀의 교육을 담당하게 된다. 전문가를 통하여 제공받은 프로그램을 부모가 가정에서 지속적으로 수행한다면 자녀의 발달이 좋아지고 경제적일 것이다. 또한 이전에는 장애인들의 주거 형태가 수용시설이 대부분이었다. 그러나 장애인의 수용시설에 대한 부정적인 면들이 보도되면서 장애인 교육의 장으로 가장 좋은 곳이 바로 가족이 함께 살아가는 집이란 것이다. 한국 사회에서는 장애아동이 수용시설보다 가정에서 함께 살아간다. 이것은 가정이 수용시설보다 좋기 때문이 아니라 맡길 곳이 없어 가정에 머물게 하는 경우이다. 이런 경우는 가정이 수용시설과 별반 다를 바 없다. 이런 점에서 가정에서의 교사는 부모인데, 장애자녀의 부모교육이 중요하다. 부모가 교사로서 자녀를 잘 도와준다면 장애자녀가 가정을 통하여 안정된 삶을 누릴 수 있다. 자녀를 돌보는 일은 현실적이다. 식사, 세수, 목욕, 놀이 등과 밤에 잠을 잘 못자는 것을 비롯한 잦은 질병 등이 바로 그러하다. 이런 경우 정서적으로 안정된 가정 안에서 행복한 분위기를 만들어 자녀를 도울 수 있도록 장애자녀의 부모교육은 매우 중요하다.

(3) 치료

조기교육, 조기상담을 받듯 어려서부터 계속하여 약한 부분을 치료받는 것이 중요하다. 그 이유로 후유증이 없도록, 보정의 가능성을 열어 주어 성장기회의 가능성을 만들어 주는 것이다. 그러나 치료에는 인내가 필요하다. 장애의 정도, 장애의 종류에 따라 신체적, 정신적 치료가 다르기에 오랜 인내가 필요하다. 중요한 것은 조금 더 좋아진다는, 더욱 약한 부분이 강해진다는 확신이 필요하다. 문제는 의사가 "당신 자녀의 장애는 현대 의학으로는 고칠 수 없습니다"라고 선언하면, 그 순간부터 아동의 장애는 고칠 수 없다는 생각이 머리에서 떠나지 않는다는 것이다. 실제로 치료받은 이후 좋아진 것 같은데 시간이 흐르면 다시 그대로의 모습인 것이다. 이런 일이 반복되다 보면 가능성이 없다고 느껴진다. 그러나 장애는 보정 가능성이 있어 장애를 보다 가볍게 할 수 있다. 이런 사고를 포기하지 않는 것이 의학을 더욱 발전시킬 수 있다. 치료적인 측면에서 시간을 허비하지 않도록 보다 일찍 치료를 시작하는 것이 중요하다.

치료에는 세 가지 다른 형태가 있다. 2명 이상의 그룹치료, 혼자 받는 치료 그리고 치료사가 직접 장애아동의 모임 장소에 찾아가서 함께 생활하며 치료하는 것이 있다. 그 이유는 새로운 환경이나 낯선 치료사를 처음 만나면 장애아동이 불안해하기 때문이다. 물론 장애아동이 치료를 받는 것이 쉬울 수도 있지만 아동에 따라서는 힘들어하는 경우도 있다. 이런 점을 피하기 위하여 유치원 안에서 치료를 받도록 시설이 갖추거나, 치료사가 유치원에서 자주 얼굴을 대할 수 있는 사람이라면 더 좋을 것이다. 그러나 그렇지 못할 경우 치료사가 직접 찾아와서 치료하거나, 장애아동이 치료를 받으러 갔을 때 치료사들과 함께 놀이를 통하여 마음에 안정을 주는 것도 좋다. 혼자 치료를 받을 것인지 두 명 이상이 그룹치료를 받을 것인지의 여부는 치료의 목적에 따라 치료사와 의논하며 정하는 것이 좋다. 치료의 방법으로는 음악치료, 언어교육^{Logopaedie} 그리고 작업치료^{Ergotherapie} 등 여러 가지가 있다.

+ 음악치료

음악을 통해 신체적, 정서적, 지적으로 치료를 하는 것을 음악치료라고 한다. 음악치료의 역사를 말하자면, 기원전으로 올라가는데, 귀신 축출로서도 사용되어졌다. 성경에서도 다윗이 음악을 통하여 귀신을 축출하는 이야기가 나온다. 또한 음악으로 병자를 치료하는 일이 등장하고, 예배에 있어서도 음악은 고대로부터 떨어지지 못하였다. 그런 역사 과정을 통하여 1960년대에는 처음으로 음악치료라는 단어가 정식으로 등장한다. 지금까지는 음악을 통한 치료나 귀신을 쫓아내는 등의 여러 가지로 사용이 되었지만 치료라는 말로 사용되지는 못하였다. 독일 사람인 크리스토퍼 슈바베$^{Christopfer\ Schwabe}$에 의하여 처음으로 사용되었지만, 이때는 사람들의 관심을 받지 못하였다. 그러나 1980년대에 들어서서 점점 사람들에게 이 분야에 대한 관심이 시작되고, 특히 종교 분야에서 많은 관심을 보이기 시작한다. 그러다가 미국인 목회자 부인이며 바이올린 연주가였던 헬렌 린퀴스트 보니$^{Helen\ Lindquist\ Bonny}$가 1990년 알코올 중독자와 암 환자를 위하여 사용하기 시작한다. 결국 '적응장애로 진단된 성인과 함께한 음악을 통한 심상체험$^{Bonny\ Method\ of\ Guided\ Imagery\ and\ Music,\ GIM}$'을 만든다. 지금은 전 세계적으로 확장되어 가고 있다. 필자는 목회자로서 교회에서 예배에 음악을 많이 사용하는데, 이런 점에 있어서 장애인에게는 유익한 점이다. 물론 음악치료는 장애인뿐만 아니라 누구에게나 도움이 되는 것이다.

자폐스펙트럼의 한 아이는 특정 음식만 좋아하는 현상이 있었다. 그런데 이 아이는 좋아하는 음악소리가 들리면 웃으면서 밥을 잘 먹는 반응을 보였다. 이런 경우 이 아이는 음악을 듣고 반응을 하는 것이다. 이것은 인간이 음악을 통해서 영향을 받을 수도 있다는 것을 보여 준다. 원시 시대에는 사람의 병을 치유하기 위해서 북 소리나 여러 가지 음악이 사용되었고, 현대에도 음악을 통하여 사람의 병을 치유하고자 하는 연구들이 이어지면서 음악을 통한 치료 방법들에 관심이 모아지기도 한다. 이처럼 음악은 인간의 삶에 있어서 감정 표현의 도구가 될 수 있으며 치료적 도구도 될 수 있음을 알 수 있다. 장애를 가진 아동의 경우 증상을 치료하기 위해 물리적 치료나 특수교육 치료를 하면 이에 대해 심한 거부감을 보이게 되고 과정 또한 매우 어렵다.

그러나 음악치료의 경우에는 장애아동들이 치료임을 인식하지 못하도록 자연스럽게 접근하기 때문에 거부반응이 적다. 음악은 우리의 일상생활과 밀접한 관계를 맺고 있기에 접근하기에 용이하다. 특히 위에서 언급한 자폐스펙트럼 아이의 경우, 초기증세로 나타나는 공통적인 장애가 언어장애이다. 그래서 불러도 청각장애인과 같이 잘 듣지 못하는 특징이 있다. 이러한 행동은 자폐스펙트럼 아동이 영아기에 소리에 대한 올바른 인식과 이해력이 발달하지 못했기 때문에 발생하는 것이다. 자기가 식별하여 확인하고 이해할 수 없는 소리가 많아짐에 따라 소리에 대해 무관심하거나 또는 소리에 대한 막연한 두려움이 나타난다. 그래서 어떤 자폐 아동은 특정한 소리에 대해서는 두려워하고, 또 강하게 거부하여 귀를 막는다. 그것은 어떤 소리는 정확하게 듣고 기억하는데, 또 다른 소리들은 전혀 듣지 못하거나 관심이 없기 때문이다. 따라서 자폐아동의 치료에 있어서 청·지각의 교정은 필요불가결한 요소이다.

+ Logopaedie 언어교육

언어교육은 그리스어로 $\lambda o \gamma o \varsigma$ 말, 언어, $\pi \alpha \iota \delta \epsilon \nu \epsilon \iota \nu$ 교육이다. 1913년부터 시작된 치료의 한 방법이다. 언어는 의사소통 기능으로서, 인식과 사고의 수단으로서 중요하다. 바꾸어 말하면 언어가 발달하지 못하면 생각이 진척되기 어렵고 행동 조절기능도 뒤따르지 못한다. 이런 점에서 언어는 장애인에게도 중요하다.

언어치료의 역사를 보면 1886년 독일의 포츠담에서 한 달 동안 언어치료가 있었다. 그리고 5년 후, 115명의 치료사가 나온다. 이때 독일의 베를린에는 이들을 위한 학교가 세워진다. 한 반에 8~10명의 장애아동을 1~2시간씩, 3~4개월간 치료를 한다. 그러다가 1913년에 '언어교육^{Logopaedie}'이라는 단어가 생긴다. 그리고 1918년에 대학에 정식 학과로 등장한다. 그리고, 1924년에는 빈^{Wien}에서 국제적모임을 에밀 프로에쉘스$^{Emil\ Froeschels}$ 박사에 의해 시작된다. 그리고 처음으로 '언어교육^{Logopaedie}'라는 단어가 공식적으로 사용된다. 여기에서 이 분야의 더 많은 연구가 필요하다고 주장한다. 큰 도시에서만 이 치료가 시작되다가, 1957년에는 직업으로서 자리를 잡는다. 그럼에도 아직도 이 분야를 공식적으로 받아들이지 않는 사람들도 있다. 요즘에는 변형되어서 의학적인 치료 방법으로도 사용되고 있다.

증상은 다음과 같다.
* 숨을 잘 못 쉰다.
* 입 안 기능이 잘 안 된다.
* 글을 잘 읽지 못한다.
* 말을 또박또박 못 한다.
* 이해력이 부족하다.
* 손가락을 늦게까지 자주 빤다.
* 물건을 입에 갖고 간다.
* 치아 발달이 늦다.
* 여러 가지 단어 나열이 늦어진다.

이런 증상은 아동뿐 아니라 성인에게도 나타난다. 성인이 되어서도 말하는 것이 사라지고 목소리가 안 좋다. 따라서 가능하면 일찍 치료를 시작하는 것이 좋다. 일반적으로 아동은 4세경에는 언어표현이 가능하다. 그러나 이 시기가 되어서도 언어 표현이 안 된다면 의심해 보아야 한다.

치료 방법은 다음과 같다.
* 몸을 건강하게 발달시켜야 한다.
* 언어를 잘 습득하지 못한 아동들은 다리와 허리가 견고하지 못한 경우가 있음을 알고, 이에 맞게 대처해야 한다.

+ Ergotherapie^{작업치료}

작업치료는 그리스어로 $εργον$^{작업, 일}, 그리고 $θεραπεια$^{치료}라는 말이다. 이것의 역사를 살펴보면, 1900년 미국에서 시작되었다. 의사, 사회봉사가, 간호사, 화가, 수공예 교사 그리고 건축디자이너들이 일을 하면서 찾아낸 것이다. 1924년 2차 세계 대전 중에 헤르만 시몬^{Hermann Simon}이란 사람이 이 분야에 대하여 일을 하고 있었다. 그러다 전쟁 후 영국인 간호사 한 명이 부상당한 독일군에게 이 방법으로 치료한다. 이후, 1953년에는 독일 하노버^{Hannover}에 학교가 세워진다. 처음에는 이름을 베쉐프티궁 테라피^{Beschaeftigung Therapie}로 불리다가, 1999년에 에르고테라피^{Ergotherapie}로 바뀐다.

치료대상은 다음과 같다.
* 움직이지 못하는 사람들
* 덜렁거리고 신호등에서 어떻게 행동해야 할지 모르는 사람들
* 글씨를 잘 못쓰고, 읽지 못하며, 가만히 앉아 있지 못하고 자신감이 없는 아이들
* 성장 발달이 늦어지고 사회적응에 문제가 있어 혼자 생활하게 되는 아동

이와 같은 이들을 치료하는 것이다. 치료의 시기는 가능하면 빠를수록 좋다. 유아기 때 이미 증세가 나타난다. 증세는 물론 아동뿐 아니라 모든 이들에게 오는 것이다. 이 치료의 목적은 정상적인 삶으로 돌아가는 것이다.

치료 방법은 다음과 같다.

아동을 병원에 데리고 가기보다는 아동이 좋아하는 놀이를 하도록 하고, 치료사가 관찰하여 기록한다. 장애아동의 부모와 대화함으로써 아동의 문제를 찾아내고 학교나 유치원에서 계속해서 관찰을 한다. 이들에게 많은 변화를 주는 것은 안 좋다.

변화를 두려워하므로 천천히 변화하도록 한다. 그리고 부모에게 미리 이야기해 주고, 집중적으로 훈련한다. 또한 관심 있는 일을 하도록 돕는다. 이 방법은 라우스^{Lauth}와 슈로트케^{Schlottke}가 만든 것으로 '관심훈련^{Aufmerksamkeitstraning}', 예를 들면 그림을 보여 주고 기억하게 하고 다시 아이에게 질문을 하는 것이다. 이렇게 여러 번 반복한다. 이것을 잘 마치면 아이에게 점수를 준다. 그리고 나중에는 스스로 결정하게 한다. 이후에 자기의 약한 점이 무엇인지 찾도록 하고 도와준다.

(4) 프로그램

프로그램은 사회에 잘 적응하게 만들어진 것이다. 특별히 신앙인에게만 해당하는 것이 아니고 다양한 종교, 다양한 인종이 참여할 수 있다. 그리고 장애인을 돌보는 사람, 보육교사들이 프로그램을 진행할 때 함께 같이 참여하면 더 유익하다. 예를 들면, 비장애인들과 만나 함께 노는 것, 시설을 서로 바꾸어 보는 것 $^{유치원에서 사용하던 놀이를 바꾸어 보는 일\ 127)}$, 자유 시간에 음악, 악기, 그림, 춤, 스포츠, 자연 등을 배우는 것, 이것을 장애인에게 물어볼 때는 장애인의 선택을 묻지 않고 일방적으로 정하여 시키지 않아야 한다. 장애아동의 의견을 묻고 그들의 대답을 듣고 시키는 것이 중요하다. 그렇지 않으면 아동이 참여하지 않으려 하고 나쁜 경험을 하게 된다.

     장애아동이 비장애아동과 통합된 활동을 할 수 있게 한다. 또한 비장애아동이 장애아동을 수용하게 한다. 또 중요한 점은 놀이를 통하여 아동이 성장할 수 있도록 하는 놀이가 되어야 한다. 장애아동이 유치원을 따라가게 할 것이 아니고 장애아동 한 사람 한 사람에게 맞는 유치원이 되어야 한다. 그 이유는 장애아동들이 각각 다른 장애의 상태이기 때문이다. 따라서 이런 것을 계획하는 일은 미리 해야 한다. 어느 날 무엇을 교육할 것인지 하루하루의 계획도 분명히 있어야 한다. 그리고 아동들에게 한 해 동안 무엇을 배울 것인지, 일 년 동안의 전반적 교육의 목적을 이야기해 주어야 한다. 아동 한 명 한 명의 흥미를 찾아 주어야 한다.

     유치원은 분명한 두 가지 구분이 있다. 하나는 그룹을 통하여 배울 수 있게 하는 것, 다른 하나는 혼자서 배우는 것이 있다. 이 두 가지 관점은 교육학의 기본이 있

---

127) Arnd Goetzelmann, Der evangelische Kindergarten als Nachbarschaftszentrum in der Gemeinde, Diakonischewissenschaftliche Studien 9, Heidelberg 2006, S.27

어야 한다. 이런 계획을 실행하기 위해 매우 자세하게 장애아동의 행동을 기록해야 한다. 예를 들면, 교사들이 어떤 상황 속에서 장애아동이 어떻게 행동하는지 체크해야 한다. 장애아동의 부모에게 질문을 통하여 아동이 유치원에 대하여 어떻게 생각하는지, 부모가 유치원에 대하여 어떻게 생각하는지를 조사해야 한다.[128] 이것을 위하여 필자는 실제적으로 교회공동체가 운영하며 통합 교육을 실시하는 독일 유치원을 소개하고자 한다.

(5) 유치원 사례 소개 St. Marien Rittmanshausen

운영자: 루터교회

목적: 본 유치원은 기독교에서 운영하는 유치원이다. 우리 모두는 장애인이나 비장애인, 동물과 식물 등, 나와 다른 모든 것은 하나님의 형상으로 만들어졌다는 것을 가르치며, 학교에 입학하기 전에 필요한 것을 도와준다. 하나님이 모든 아동에게 개성과 재능 그리고 능력을 주셨다. 이것을 유치원에서 발견하여 개발시켜 주는 일을 한다. 이 일을 위한 목적으로 통합교육을 한다.

* 성장 Wachsen
* 펴다 Entfalten
* 탐구 Entdecken
* 경험 Erfahren

재정: 교회공동체와 정부가 상당히 밀접하게 관련되어 일하고, 교회공동체도 지역 내의 교회와 연합하여 일한다. 그래서 교회공동체, 장애자녀부모, 국가의 협조로 운영한다. 그 외에는 개인적인 보조를 받는다. 국가의 지원은 일반적으로 인권비에 사용된다.

구성: 네 개의 반으로 구성되어 있고, 한 반에 15명의 아동들이 있다. 여기에는 비장

---

128) Erdmuthe Lueckert, Paedagogische Konzeption zur Unterstuezung sozialintegrativer Prozesse: in Kaplan, Rueckert, Garde u.a., Gemeinsame Foederung, Beltz Verlag, Weinheim und Basel 1993, S. 82-83

애인 4명과 장애인 11명이 있다. 물론 비장애인이나 장애인 가운데 유치원에 입학하기 전, 학교방침에 동의한 사람들을 입학시킨다. 그리고 한 반에 2명의 전문교사와 1명의 자원봉사자가 있다. 교육의 목적은 하나님의 자녀로서 자기의 능력이 얼마나 있는지를 발견하게 하는 것이다. 사람은 누구나 태어나면서 하나님이 주신 고유한 선물이 있다. 그리고 이러한 선물인 은사를 통하여 함께 성장하기를 원한다.

유치원 주변 환경: 유치원의 내부 시설뿐만 아니라 외부 시설도 중요시 여긴다. 외부 시설은 자연을 조성하여 정원을 만들고 나무를 많이 심어서 그늘이 있게 한다. 그리고 그네를 달아두거나, 물을 갖고 놀 수 있는 환경을 만들어 주고, 모래바닥을 만들어 모래를 갖고 아동들이 놀 수 있도록 한다.

운영시간: 월요일부터 금요일까지
매일 오전 7시 30분부터 오후 5시까지
하프타임^{정오까지} 참여자와 풀타임^{하루 종일} 참여자가 있다.

기독교 정신은 다음과 같다.
1. 성경에 나와 있듯이 인간은 하나님이 창조하였다. 아동 역시 하나님의 형상으로 태어난 것이다. 능력이나 어느 국가, 어느 출신, 성별, 종교에 상관없이 하나님의 창조물이다. 결국 하나님이 주신 인간의 권리를 보장해 주는 유치원이 되어야 한다.
2. 창조의 말씀을 받아들인다. 창조론을 교육목적으로 삼는다. 유치원은 하나님이 우리에게 맡겨 준 책임을 갖고 아동을 이해하고, 하나님의 요구를 받아들인다. 하나님이 창조하신 인간은 하나님의 모습 그대로 위임한 일들을 최선을 다하여 맞추어야 한다.
3. 예수 그리스도의 정신을 따른다.
4. 예수님이 아동에게 믿음의 모델이 되었다. 예수님은 장애인이나 비장애인, 누구에게나 동일한 가치관으로 인간을 대하고, 받아들이며 인정해 주신다. 이런

모습을 아동이 본받게 하는 것이 과제이다.
5. 믿음과 소망, 신뢰를 제공한다. 믿음을 통하여 삶의 어려움을 이겨나가도록 도와준다. 또한 아동들에게 예배드릴 장소를 마련하고 신앙을 통해서 전하는 신앙인이 되도록 노력한다.
6. 공동생활을 책임진다. 세상 안에서 자유를 만들어 가도록 노력한다.
7. 교사가 하루하루 그날 해야 할 일을 알려 주면, 아동 스스로가 그날 계획을 세운다.
8. 스스로 결정할 힘과 자신감을 만들어 주고 가족을 도와준다.

선택 프로그램에는 다음과 같은 것들이 있다.
이것은 아동이 스스로 선택하여 참여하는 방이다.
* 미술: 이곳에서는 아동에게 다양한 작품을 만들 수 있도록 기회를 제공한다. 석고, 종이, 골판지, 직물, 크레파스, 잉크, 수채화물감과 페인트 등을 준비하고, 아동은 그것을 가지고 큰 그림을 벽에 그리기도 한다.
* 목공예: 목공예를 위하여 이곳에는 망치질, 톱질 등을 배운다. 그리고 비행기 조각을 만들거나, 다양한 공예품을 만든다. 재료는 천연소재를 주로 사용한다.
* 도서관: 조용한 분위기를 제공하며, 아동이 소파에서 그림책이나 다양한 책을 읽을 수 있는 환경을 만들어 준다.
* 극장: 극장에서 아동들이 연기자처럼 메이크업을 해 보고 연기를 하도록 한다. 또한 인형극 등을 제공한다.
* 작업장: 건설현장이 생각나는 방이다. 돌, 나무 조각 및 기타 천연 소재를 가지고 나무 블록, 다양한 자재, 작은 차량, 사람 그리고 동물들을 만든다.
* 컴퓨터 교실: 컴퓨터를 테이블 앞에 독립적으로 놓고 교사에게 교육을 받을 수 있다. 또한 교사와 같이 컴퓨터 게임을 할 수도 있다.
* 아침식사: 식사는 뷔페로 제공한다. 접시와 컵에 자신의 빵 또는 음식을 담고 음료를 선택하게 한다. 그리고 함께 먹는다.
* 꿈나라: 정오에 수면시간을 갖는다. 이 시간에는 모두가 조용하다. 베개, 담요를 유

치원에 준비해 두고 잠을 자게 한다.
* 탐구: 복도에 높은 타워를 만든다. 그리고 사이사이 줄을 매달아 아동들은 이곳에서 로프를 갖고 오르내리기를 한다.
* 요리하기: 교사들과 아동들이 함께 요리를 만든다.
* 문화 나눔: 오늘날의 아동들이 자신의 국적에 따라 다양한 경험, 생활을 갖고 있다. 점점 세계화 및 국제화 시대에 다양한 경험을 하고자 다른 종교, 다른 언어의 경험을 하게 한다.

아동의 바람직한 생활을 만들기 위하여 다음 사항을 준수한다.
* 보호 및 관리를 한다.
* 청결 상태를 체크한다.
* 건강한 식습관을 갖게 해 준다.
* 충분한 휴식 기간을 준다.
* 애정과 따뜻한 관심을 준다.
* 신뢰를 쌓게 한다.
* 어린이가 직접 체험할 수 있게 돕는다.
* 자신의 미래에 대한 교육을 한다.
* 수용해 준다.
* 교사가 삶의 모델이 되도록 한다.
* 많은 경험을 쌓게 해 준다.
* 싸우면 용서하는 법을 가르쳐 준다.
* 여러 방을 다니면서 자기가 원하는 특별활동을 하게 한다.
* 자유 시간에는 아무 방이나 들어가서 다시 특별활동을 해볼 수 있게 한다.
* 아침에 교사는 아이들에게 묻는다. "오늘 아침 무엇을 할까?"

유치원의 기본 토대는 다음과 같다.
* 하나님의 형상으로 만들어졌다.

* 모든 대상이 특별하고 재능이 있다.
* 모든 아동들은 자기 나름의 재능이 있다.
* 아동은 미래이다.
* 아동을 계속해서 성장하도록 도와준다.
* 아동은 모두가 동일한 것이 아니다.

다섯 가지 과제가 있다.
1. 사회성 개발: 대가족제도 하에서 사회성을 배우며 살았는데 요즘에는 핵가족 제도로 변화하면서 여러 가지의 관계성을 스스로 배워야 한다. 결국 아동에게 필요한 기관, 즉 유치원에서 대부분의 사회성을 배우게 된다. 포기하는 삶, 타협하는 삶, 갈등, 분노처리 그리고 협동을 유치원에서 배우게 된다. 이런 점에서 유치원에서는 필요한 교육을 제공한다. 특히 장애를 갖고 있는 아동들에게 사회성은 자기중심적일 수 있다. 이런 부분을 깊이 있게 준비한다.
2. 신체적 성장: 과거에는 아동의 놀이터가 집 밖의 마을에서 뛰어다니며 스스로 판단력을 키우며 생활하였다. 그러나 장애아동에게는 활동 부분에 더욱 신경이 쓰이기에 움직이는 활동범위가 줄어든다. 하루 종일 좁은 공간에서 보내는 경우가 많다. 공을 던지고, 앉고, 뛰며 운동하는 것을 유치원에서 제공해 준다.
3. 인지발달: 과거에 아동들이 일을 잘하는지의 여부와 과제를 잘 마치는 것을 보며, 기타 여러 가지 등으로 평가하였다. 그러나 본 유치원은 그러한 제한된 방법으로 평가하지 않고, 매일매일 아동의 활동을 지켜보며 놀이에 참여하는 모습, 퍼즐게임, 그림 그리기, 만들기 등과 같은 다양한 프로그램을 통하여 아동의 전체적인 부분을 평가하고자 한다. 평가의 목적은 아동의 필요한 부분을 성장시키기 위함이다.
4. 감정의 표현: 아동은 감정의 표현이 중요하다. 그런데 자기감정 표현을 잘 못하는 경우가 있다. 유치원에서 아동이 감정을 잘 표현할 수 있도록 도와주고자 한다.
5. 언어의 발달: 말을 하는 것은 중요하다. 자기의 느낌을 언어로 표현하는 것은

중요하다. 유치원에서는 아동이 자기의 표현을 말로 잘 할 수 있도록 환경을 만들어주며 도와주고자 한다. 이 일을 위한 한 가지 예로는 작은 그룹을 만들어 자기의 표현을 하도록 도와준다.

특별한 운영을 한다.

이러한 다섯 가지의 과제를 위하여 몇 가지 특별한 운영 방법을 사용한다. 예를 들면 아동이 직접 경험해 보는 놀이와 처음 유치원에 입학한 아동을 위한 특별한 반과 초등학교 입학 준비반 그리고 부모들의 모임과 교사들의 모임을 한다. 이것은 아동을 위하여 교육에 있어서 중요한 것은 교사와 가족 그리고 아동 모두가 중요하기 때문이다.

* 놀이: 사회성 발달이나 감정 표현을 위한 언어를 잘 구사하기 위해 본 유치원에서는 여러 가지 놀이를 한다. 다양한 놀이를 통하여 서로의 관계성을 배우게 된다. 이 외에도 다양한 실습을 하는데, 예를 들면 춤, 마사지, 침묵의 시간, 노래 부르기, 손유희, 인형놀이, 가위질, 풀칠하기, 드라마 그리고 만들기 등이 있다. 이 외에도 소풍, 체육 시간, 요리 시간 등이 있는데 이런 모든 것에는 위에서 이야기한 것처럼 사회성, 인지발달, 언어발달, 감정표현 그리고 신체적 성장을 생각하며 프로그램을 개발한다.
* 유치원 신입생: 처음 유치원에 올 경우 아동이 부모와 떨어지기 싫어서 두려워한다. 이에 일주일 정도는 부모와 같이 적응 시간을 갖도록 한다. 처음 왔을 때, 유치원에 다니던 아이들과 짝을 정해 주는 일이 중요하다. 왜냐하면 이때 중요한 것은 두려움을 없애는 것이기 때문이다.
* 초등학교 입학 준비반: 본 유치원은 초등학교 입학 전 아동을 위해 특별히 반을 편성하고, 학교 갈 준비를 하게 한다. 스스로 가방을 챙기기, 옷 입기, 하룻밤 부모와 떨어져 유치원에서 잠자기 등을 부모의 도움 없이 할 수 있도록 개발한다.
* 학부형 모임: 유치원을 위해 부모들이 도와주고, 유치원에서는 일주일에 한 번, 부모에게 필요한 교육을 제공해 준다. 부모와 교사의 상담은 비밀을 보장해 주고 있

다. 아동과 유치원과 가족이 서로 관계를 맺으면서 서로 도움을 준다.
* 교사 모임: 정기적으로 모임을 갖고 계속적인 교육을 통하여 성장하도록 한다. 이 외에도 교회 운영자와 교사의 모임을 통하여 서로의 도움을 의논하기도 한다. 이 모임에서 정기적으로 교사들은 체크하기도 한다.

"유치원이 과연 어떤 유치원인가?" 이것을 알아보기 위해서는 몇 가지를 체크 해 볼 수 있다.

- 얼마나 많은 장애인와 비장애인이 있는가?
- 어떤 장애인과 비장애인의 연령들이 교회공동체 안에 있는가?
- 교회공동체가 하는 일을 아동들과 함께하는가?
- 교회공동체의 구조가 원칙대로 일을 하고 있는가?
- 교회공동체의 운영이 아동을 위한 일들에 얼마나 가치를 두는가?
- 교회공동체 안에 전문가 혹은 자원봉사자들이 끊임없이 필요한 교육을 제공받는가?
- 어떤 지원을 교사들이 교회공동체 안에서 받는가?
- 교사와 아동이 좋은 관계성을 갖고 있는가? 그것을 교회가 교사들에게 요구하는가?
- 서로 다른 문화, 환경, 성별, 가족관계인데 모든 아동들에게 교회의 목적이 바로 실시되는가?
- 어떤 공간과 장소를 아동들을 위해 사용할 수 있는가?
- 그 장소가 아동들에게 필요 시, 적절히 공개된 것인가?
- 잔디밭이나 자연환경이 아동들을 위한 장소로 준비되어져 있는가?
- 유치원의 기본 정신이 디아코니아와 교회공동체의 정신에 뿌리를 두고 있는가?

6.
장애인과 함께하는 디아코니아 모델

독일 내에서 조기교육과 통합교육을 실시하는 기관 중, 장애인을 위한 '레벤스힐페^{Lebenshilfe}', 장애인공동체를 이루어 살아가는 '니더 람스타트 디아코니$^{Nieder-Ramstaedter\ Diakonie}$'와, 장애인과 비장애인이 함께 가족을 이루어 살아가는 작센^{Sachsen} 마을의 모습을 모델로 소개하고자 한다.

　이 모델은 장애아동만을 위한 모델은 아니다. 일반적인 장애인을 위한 시설기관이다. 이런 모습이 한국 사회에도 부분적으로 실행되고 있지만 한국 사회 현실에 알맞게 더욱 활성화되기를 기대해 본다.

1. 작센 마을

독일의 작센^{Sachsen}이란 곳은 프랑크푸르트 공항에서 약 2시간 정도 북동쪽에 위치해 있다. 루돌프 슈타이너 박사$^{Dr.\ Rudolf\ Steiners}$의 정신을 바탕으로, 1968년에 세 사람에 의하여 세워졌다. 1998년에 한 명이 별세하고, 현재 두 사람이 생존해 있다. 지금 작센공동체는 그들의 땅을 기부함으로 만들어진 것이다. 이곳은 장애인 18명과 비장애인 2명이 한 가족을 이루어, 한 집에서 20명이 함께 살아간다. 각 집마다 부모가 있는데 비장애인이 '아빠와 엄마'의 역할을 하며, 함께 평생을 살아가는 것이다. 이 마을에는 15가구가 이렇게 모여 산다.

　장애인이 결혼을 하게 되면, 집에서 나가야 한다. 처음 이 마을에 들어오면 3개월 동안 여러 작업장을 방문하게 된다. 그리고 자기의 일을 정하게 된다. 물론 사람마다 예외는 있다. 평생 일을 함으로써 그 분야에 숙련공이 된다. 그들이 만드는 것은 도자기, 세라믹, 초 공예, 목공, 실, 옷 등 다양하다. 모든 분야의 책임자는 그 분야의 전문가들이다. 이곳에서 제작된 제품은 이것을 방문하러 오는 자들이나, 주문하는 자들에게 판매한다. 상품의 값은 다른 곳보다 비싸다. 그만큼 제품의 품질을 인정받고 있으며, 그 수익은 제작한 이들에게 수입으로 돌아간다. 이 말은 공동체이지만 사유재산이 어느 정도 인정된다는 것이다.

이들은 평상시에는 일을 하거나 학교를 다니고 오후에는 스케줄에 맞춰 취미 생활을 함께한다. 예를 들어 월요일은 음악회를 가고, 화요일은 댄스를 추거나 그들에게 알맞은 프로그램을 만들어 진행한다. 필자가 집마다 방문하면서 발견한 것은 집안에 TV가 없다는 점이다. 그 이유는 자기 스스로 TV를 보고 통제할 수 있는 기능이 부족하고, 또한 TV에서 나오는 색이 이들에게 정신적으로 좋지 않은 영향을 주기 때문이다. 그 대신에 음악회 등 여러 가지 특별 순서를 갖게 해 준다고 한다. 하루의 시간은 오전 8시, 혹은 9시부터 일과가 시작되고, 낮 12시가 되면 각 집에서 점심 식사를 하며 2시까지 휴식을 한다. 그리고 오후 5시까지 일을 하고 저녁식사를 한다. 그 이후에는 다양한 문화의 장이 소개되고 개인 시간을 보낸다. 식사 시간에는 찬양을 한 곡 부르고, 그날 기도 맡은 이가 기도를 한다. 기도가 끝나면 서로를 축복하며 함께 식사를 한다. 식사는 모두가 같이 마치도록 한다.

하루 일과를 마치고 집에 돌아와 차를 마시며 담소하는 가족원들. 보통 한 가족원은 15명이다.

작센 마을의 도자기 공예 반원들

주일에는 다 함께 예배하러 간다. 물론 교회는 마을 안에 있다. 교회공동체에는 비장애인도 같이 참여하여 통합예배를 한다. 여기서 특이한 사항은 장애인들이 한 가족을 이루고 같이 살아간다는 것이다. 이것은 이들에게 가정이란 것을 만들어 함께 살아가게 하는 것인 정상화의 사고에서 출발한다. 이러한 모임이 만들어진 이유는 장애아동에게는 가정이 중요하기 때문이다. 장애아동을 가정 안에 계속해서 내버려두면, 그것만으로 가정이 새로운 문제에 직면할 수 있기 때문에, 장애아동의 삶을 독립한다는 의미에서의 여러 가지 그룹 홈이 만들어지고 있다. 이 집에는 다양한 장애인들이 살아가고, 그 마을에 정기적으로 의료진이나 상담사 및 치료사, 목회자들이 방문하여 그들이 살아가는 데 불편이 없도록 돕는다. 물론, 처음에는 이 마을 사람들도 이런 공동체가 세워진다고 하였을 때 반대하였다고 한다. 그러나 이들로 말미암아 마을의 이미지가 달라지고, 관광객이 늘어나며, 마을에는 다양한 문화공간과 학교가 세워졌다. 학교 버스가 와서 비장애인아동들도 학교까지 데리고 가고, 농장에서는 이들이 재배한 신선한 야채를 판매하며, 여러 가지 마을의 생산성이 높아져 삶의 질이 높아졌다고 한다. 이러한 공동체는 현재 독일 내에 많지는 않지만 몇 군데가 더 있다.

한국에서는 보통 한 집안에 소수의 장애인들이 공동으로 생활하고, 그들의 능숙하지 못한 일들을 전문 직원에 의해서 보조를 받는 생활구조의 형태를 띠고 있다. 공동생활가정의 근본적인 목적은 가족적인 환경 속에서 독립적인 생활기술을 가르치는 것이며, 앞서 나온 이야기처럼 가정과 부모의 역할이 정서적으로 중요하기에 가정의 형태를 만들어 주는 것이다. 실제로 공동생활가정$^{그룹\ 홈}$의 거주자들이 대규모 수용시설에서 생활하는 이들보다 사회에 잘 적응하며, 직업기술과 사회적 행동에 변화를 보였다. 한국에서는 최근에 공동생활가정$^{Group\ Home}$이란 이름으로 만들어지고 있다. 이러한 것은 통합의 삶을 살아가는 데 하나의 모델이 될 수 있다.

2. 독일 연방 레벤스힐페

국제적으로 활약하는 독일 연방 '레벤스힐페$^{Bundesvereinigung\ eV\ Lebenshilfe}$'는 정신적인 장애가 있는 사람을 위해 독일에서 지적·발달장애인과 그 가족들을 위한 가장 큰 규모의 단체이다.

레벤스힐페^{Lebenshilfe}의 일은 심각한 장애를 갖은 이들을 중심으로, 제일의 목표는 광범위한 사회 통합이다. 조기도움을 통해, 성장 기회의 요청을 통해, 그리고 자신의 환경에서 지적적·발달장애아동의 통합교육을 위하여 지속적인 목표를 가지고 지

레벤스힐페의 로고

원한다. 이러한 것은 가족이 연합하여 이루어지는 필수적인 제도이다. 장애인이 사회에서 함께 생활할 수 있는 가능성이 있도록 조기 상담, 지도, 지원, 홍보 그리고 모든 연령대의 지적·발달장애인을 돌보는 것을 목표로 조직된 단체이다.

레벤스힐페Lebenshilfe는 1958년 11월 23일 마부룩Marburg에서 15명의 장애아동 학부모들이 모여서 나치 시대의 부끄러움을 반성하는 의미에서 장애아동을 위한 기관을 만들었다. 이 당시, 참여한 사람들의 대부분이 세상을 떠났고, 체코에 '톰 무터스Tom Mutters'란 사람이 생존해 있다. 이 기관은 독일 전역에 걸친 지적·발달장애인과 그 가족의 복지를 위한 비영리 단체이다.

레벤스힐페는 정치적, 종교적으로는 무관한 독립적 단체이다. 레벤스힐페는 장애인부모와 전문가 그리고 지적·발달장애인이 스스로 자립하는 봉사단체이다. 13만 여 명 정도가 되는 회원의 대부분이 부모와 친척, 장애인과 함께하는 친구들뿐만 아니라, 전문가들로 조직된, 독일에서 최대 규모로 자립하는 봉사단체이기도 하다.

독일에서 이 단체는 장애인 부모와 전문가들에 의해 '레벤스힐페 연방중앙단체Bundesvereinigung Lebenshilfe'라는 이름으로 만들어졌다. 이 단체는 540개의 크고 작은 도시에 있다. 전 지역의 중심센터는 독일의 마부룩Marburg이란 도시에 있다. 이 단체는 장애인을 위하여 지방과 도시 및 전국에 걸쳐 연결되어 있다. 모든 지역으로부터 온 대표들은 일 년에 두 번 회의를 한다. 연방중앙단체는 현실적 과제와 단체의 목적 그리고 지역과 도시 등에 대하여 중앙에서 공동으로 함께 결정과 조언을 한다. 장애인들 역시 결정의 과정에 이런 저런 모습으로 관련을 하게 된다. 이 단체의 목표는 장애인과 그 가족의 복지이다. 그것은 그들이 스스로 자립할 수 있도록 많은 보호 및 지원의 나눔을 필요로 한다. 장애의 종류 및 등급에 따라 개인의 사정에 따라 개별적인 도움을 갖게 하는 것이다. 중증장애를 가진 사람들은 레벤스힐페의 특별 보호를 받게 된다.

이 단체가 설립된 초창기의 독일 사회는 이 단체에 대하여 부정적이었다. 그 당시 우생학^{잘난 태생에 대한 학문}과 안락사 정책으로 장애인 피해자는 날로 커갔다. 그러한 때에 이 단체는 장애를 가진 사람의 삶에 대한 완전한 권리를 강조했다. 중증장애를 가진 사람의 권리는 이 단체로 말미암아 독일연방공화국에서 법적인 문제점이 되었다. 따라서 1994년 독일 연방의 기본법률로 확정했다. "누구나 자신의 장애로 인하여 부당한 대우를 받지 않는다"^{제3조, 3항}.

이 단체는 장애인이 그들의 개성과 능력을 갖고, 비장애인들과 함께 살 수 있도록 하기 위해 노력한 것이다. 때때로 독일의 법과 제도는 장애를 가진 사람들을 위해 근본적인 권리 구현에 있어서 한계성이 종종 문제가 되고 있다. 그들은 완벽한 사회의 일원으로서 다른 사람들처럼 그들에게도 동일한 결단력과 권리를 주어야 한다. 이런 점에서 '다른 것이 정상입니다'라는 표어가 레벤스힐페의 모토이다. 그들도 각자가 좋아하는 것과 싫어하는 것 그리고 강점과 약점을 가진 한 인격체이다. 처음에 이 단체는 장애인 대상으로 하는 치료 목적을 가진 특수유치원으로 시작하였다. 그러나 최근에 들어서는 모두 통합유치원으로 바뀌었다.

이 단체는 최근 몇 년 동안 독일 사회의 장애인 인식 변화에 큰 영향을 주었다. 옛날에는 장애의 모습을 보는 것을 싫어하였는데, 요즘은 보편화되어 자연스럽게 보고 있다. 또한 장애인을 '교육'한다는 말이나 장애인을 '양육'한다는 말보다는, 장애인과 '협력'한다는 말로 바뀌었다. 1994년에 이 단체의 회의에서 "나는 내가 무엇을 원하는지를 가장 잘 안다"라는 주제 아래 장애인들이 스스로 결정할 수 있다는 의견이 독일에서 자리잡을 수 있는 영향을 미쳤다. 장애인은 비장애인보다 지식과 능력에서 비교된다. 하지만 기뻐하며, 웃고, 울며 슬퍼하는 일에는 구별이 없다. 장애인들은 오히려 감정 수치가 높다. 그것뿐 아니라 말을 못해도 서로 대화가 되고 계산은 잘 못해도 항상 함께 생각한다. 그리고 표현을 잘 못해도 할 말이 많다.

레벤스힐페는 장애를 질병으로 보지 않는다. 장애는 한 인간의 존재에 있어서, 여러 가지 형태 가운데 하나일 뿐이다. 장애인도 많은 가능성을 갖게 한다. 그리고 한 인간은 장애로 인해 특징지어지지 않는다.

레벤스힐페는 4만 5천여 명의 장애인과 그들의 부모와 그들에 대한 관심을 갖고 돕는 자들로 구성된 국제적인 기구이다.

+ 지방단체협회

540여 개의 지방단체협회에는 장애인을 위하여 약 3천 개 이상의 시설을 갖추고 있다. 이러한 시설들은 약 1만 5천 명의 장애아동과 청소년 그리고 성인들을 보호하며 교육한다. 그 숫자는 약 227개의 조기교육시설과 329개의 유치원과 유아원^{0세~3세}, 118개의 특수학교와 약 491개의 장애인을 위한 작업장, 163여 개의 상담교육기관, 301개의 스포츠, 게임, 휴식을 할 수 있는 시설, 854개의 생활시설과 공동생활시설 그리고 221여 개의 가족 없이 돌봐주는 보호기관^{가족의 힘을 덜어주는}이 있고, 그 구성원은 약 2만 5천 명의 전문인과 약 2만 명의 자원봉사자들이 있다.

+ 주정부단체협회

16개의 레벤스힐페 주정부 단체는 장애정책과 관리 설정을 하며, 지방단체의 협회들과 연합하여 필요한 것을 제공한다. 장애인을 성장시키기 위하여 여러 가지 교육프로그램을 제공한다.

+ 연방중앙단체협회

연방중앙단체협회는 발상지인 마부룩에 있으며, 이곳은 독일 전체의 중앙관리 기관으로 약 95명이 일하고 있다. 연방중앙단체협회는 장애인의 발전과 관리에 관심을 갖고, 장애인이 관심 있는 일을 도와준다. 주정부단체협회와 지방단체협회의 일들에 관심을 갖고 일한다. 연방중앙단체협회에서는 ≪가족 그리고 전문적인 질문≫, ≪법과 정책≫ 등의 책을 출판하며, 신문 등을 통하여 사회에 홍보를 계속해서 해 나간다. 또한 연구소를 운영하고 필요한 도서들을 보관하는 도서관이 있다.

　　연방중앙단체협회에는 약 13만 명의 회원을 위한 법률 및 사회 정보와 조언을 제공하며, 사회 정책에 영향력을 행사한다. 그것은 입법과 행정 권력의 정책이 장애인의 권리를 찾아 주기 때문이다. 높은 언론과 대중 매체를 통하여 예를 들면, 광고, 기부활동, 후원 및 홍보 행사를 도울 수 있다. 언론이 장애인들을 위하여 하는 일은 홍보 잡지를 만들고 TV와 라디오를 통하여 단체의 일을 보도하고, 약 1만 1천 권의 전문서적을 모든 도서관에 나누어 준다. 또한 장애인과 그 가족을 위하여 매년 약 90

여 개의 지역에서 세미나가 열린다.

+ 국제적단체협회

국제기구가 만들어져 장애인과 그 가족들의 권리와 삶의 환경을 보호하기 위해 유럽 내의 여러 나라들과 연합하여 일한다. 연방중앙단체협회는 그들의 경험을 세계의 여러 장애기구와 단체에 알려 주어 스스로 그들이 자립할 수 있도록 자원을 협조한다. 이 국제기구는 2000년부터 인도와 동유럽에 '국제통합Inclusion International' 명칭으로 기구를 만들어 협조하고 있다. 여기서는 세미나와 프로젝트 계획을 세워 다른 나라의 과제들을 들어주고 어떻게 발전시킬 수 있는지 자문해 준다.

비스바덴 시에 있는
레벤스힐페가 운영하는 통합유치원

레벤스힐페는 한국 교회공동체가 우선적으로 실시하기에 아주 좋은 기구라고 생각한다. 독일의 약 18만 5천 명의 장애아동과 청소년 중 85퍼센트는 가족과 함께 살고 있다. 나머지 사람들은 이 단체에 보호를 의뢰하고 있다. 23만 5천여 명의 성인장애인 중 약 60퍼센트가 가족과 생활하고 있고, 부모가 보호할 수 없는 사람은 주거가 가능한 공동생활기관에 의뢰되며, 1만 5천여 자리를 레벤스힐페가 찾아 주고 있다. 독일 전역에 약 4만 5천여 자리가 필요하며, 많은 사람이 등록하고 기다리는 현실이다. 이들이 다른 단체보다 이곳을 많이 찾는 이유는 태어날 때부터의 발육성장을 위한 기구로서, 조기교육과 조기상담을 제공하기 때문이다. 또한 통합교육을 태어나서부터 성인이 되어 직업활동을 할 때까지 모든 면에서 지원할 수 있도록 조직되어 있기 때문이다.

한국 사회에서 교회공동체가 중심이 되어 장애아동을 위한 조기교육 시설과 통합교육을 목적으로 유치원을 운영할 때, 현실적으로 경제적인 부분이나 여러 가지 어려운 부분들이 있다. 레벤스힐페의 경우, 처음에는 장애인 부모들에 의해 운영되었다. 그러나 지금은 정부로부터 경제적인 보조를 받는다. 물론 아무리 정부의 지원이 있어도 당연히 지역과 지방의 운영단체에서도 경제적인 지원을 받는다. 지금도 모든 협회의 약1만 3천여 명 회원의 연 1회 회비인 3만~9만 원[20~60유로]으로 이것을 보충한다. 이러한 일을 위해 레벤스힐페는 개인이나 단체가 기부금을 보낼 수 있도록 홍보를 한다. 이것은 50퍼센트 이상의 기부금으로 운영되고 있는 연방중앙단체협회도 마찬가지이다. 이럴 때 가장 좋은 방법은 레벤스힐페가 하나의 모델로 도움이 된다고 필자는 생각한다.

비스바덴 시에 있는 레벤스힐페에서 운영하는 유치원을 필자가 실습 차 방문한 적이 있다. 이곳은 3살 이상의 아동들이 입학할 수 있다. 또한 시로부터 특별허가를 받으면 1세부터도 입학이 가능하다. 이 시설은 일반적인 통합유치원과 비슷하였다. 치료하는 방, 체조하는 방, 잠자는 방, 배변훈련 등을 위한 다양한 시설이 있었다. 방 안에는 아동들이 교육에 참여할 때 색을 공부할 수 있는 재료가 다양하였다. 또한 가위가 특수하게 제작되어 교사와 아이가 함께 잡고 사용할 수 있게 만들어져 있다. 이곳의 교사들은 아동이 3살이 되기까지 가정에 일주일에 한 번, 1시간에서 1시간 30분 정도 방문하여 아동의 상태를 상담하고 진단한다. 이곳에는 다섯 명의 전문가가 있다. 그중 한 명은 이곳 유치원뿐 아니라 비스바덴 도시 전체의 유치원을 상대로 교사와 부모를 상담한다. 그 외 네 명은 구역 별로 상담하거나 가정방문을 통해 아동과 부모에게 필요한 정보나 도움 등의 치료활동을 하고 있다. 이곳의 학비는 장애아동 부모의 생활 능력에 따라 각기 다르다. 경제적 보조가 필요한 경우에는 정부로부터 지원을 받을 수도 있다. 물론 비장애아동의 학비도 장애아동과 동일하다. 교사들은 매주 1회 정기적으로 회의를 하고 있다. 이 모임을 통하여 정보를 제공하고, 자기 학급 아동의 변동 상황을 이야기한다. 특이한 점은 식사, 배변, 자립은 한 교사가 일관성 있게 가르친다는 점이다. 이를 위하여 다른 교사는 돕는 자가 된다. 교사들은 아동의 변화를 다른 교사들에게 알려 주어 지도에 도움이 되게 한다. 이곳에서는 부모를 위

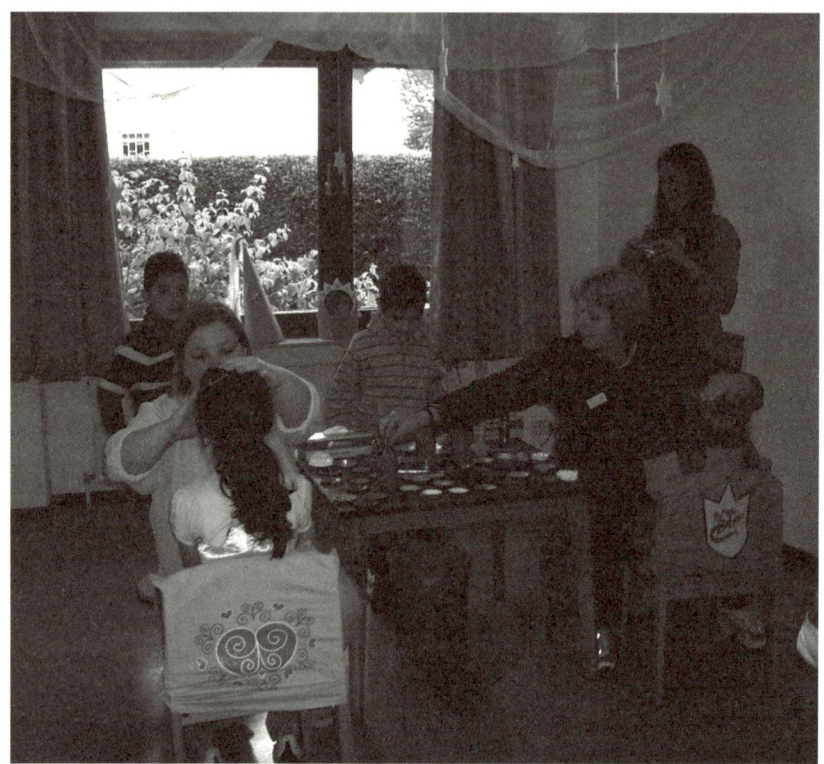
비스바덴 시에 있는 레벤스힐페가 운영하는 통합유치원, 교사들이 아이들의 얼굴에 그림을 그려 준다.

한 자발적인 모임이 있다. 정기적으로 모여서 서로의 고충을 이야기한다. 1년에 5~6회는 부모들이 원하는 주제를 정하여 다양하게 진행한다. 이 시간을 통하여 부모들은 필요한 정보를 배워간다.

필자가 그곳의 책임자 '바이스만Weissman'이라는 원장을 통해 듣기로는, 이곳 유치원도 통합유치원으로 바꾼 것은 최근이라고 한다. 원장은 분리된 특수유치원과 통합유치원에서 모두 일한 경험이 있는데, 장애아동을 위해서, 그리고 이론을 떠나 경험을 볼 때 비장애아동을 위해서도 통합유치원이 주는 장점이 더 많다고 하였다. 이것의 한 예로서, 하루 종일 침대에 누워 있는 한 남자아동을 소개해 주었다. 그는 태어나서부터 지금까지 일어설 수 없는 척추 손상이 큰 아동이었다. 이곳에 오기전까지 그는 집에서 누워 있었고, 친구들이 없어서 TV보는 일이 하루의 일과였다고 한다. 그러나 유치원에 오면서 가장 인기 있는 아동이 되었고, 비장애아동들도 꼭 유치원에 오면 이 아동의 손을 먼저 잡아 주고 놀이를 할 때, 그 아동에게 공을 던지는 아동들까지 생기게 되었다고 한다. 필자 역시 그 아동을 만나보았을 때, 아동이 행복해 하는 모습이 분명하였다. 아동이 집에 돌아가고 유치원에 오는 일까지도 중증장애아동이 탈 수 있는 특수 제작된 자동차로 운송되는 배려가 있었다. 따라서 아동의 부모는 아이를 유치원에 맡기고, 저녁까지 자기의 시간을 보낼 수 있게 된다. 장애아동과 비장애아동이 함께 생활함으로써 발생하는 문제가 있을 것 같지만, 오히려 비장애아동이 유치원을 졸업하고 일반학교에 갔을 때, 학교 내에서 사회성이 더 높고 잘 적응한다고 한다. 레벤스힐페가 처음 시작되었을 때는 장애아동을 위해 누가 어떤 일을 만들어 줄 것을 기다리기보다, 부모들이 우리가 아동들을 위해 무엇을 할 수 있는지, 무엇이 아동들에게 필요한지 여러 사람들의 이야기를 들으며 단체가 탄생한 것처럼, 우리도 필요한 것이 무엇인지 듣는 일이 중요하다.

끝으로, 처음 이 협회가 세워졌을 때에는 아동을 위한 시설로 만들어졌지만, 오랜 시간이 지나면서 아동이 성장하고, 협회가 확장되면서 요즘에는 장애아동만이 아니라 생애 주기에 따른 전 연령에 대한 여러 가지 시설들이 만들어지고 있다. 대표적인 것이 공동거주지이다. 이곳은 성인장애인들이 함께 살아가는 곳이다. 또한 장애인들이 생활할 수 있는 토대를 위하여 작업장을 만들어 생산성과 기술을 가르치고 있다.

3. 니더 람스타트 디아코니아

헤센 남부 지방에 니더 람스타트$^{Nieder-Ramstadt\ 129)}$에 있는 장애인 공동체는 1899년에 간질병 형태의 환자들을 위한 생활단체로 세워졌으며, 1900년에 첫 건물이 세워진 이래, 35명의 아동과 청소년들을 수용하였다. 이곳은 기독교 정신을 근본으로 하는 디아코니아 단체이다. 특히 신체적이고 정신적인 어려움 그리고 사회에 적응하기 힘든 사람들을 돕는 단체이다. 이 단체는 인간의

---
129) 오늘 날의 명칭은 Muehltal, Darmstadt 도시에서 가까운 지역이다.

권리를 알려 주는 것을 중요한 과제로 한다. 1999년 5월에 회원총회에서 법을 개정하여 이름을 '니더 람스타트 디아코니'라 칭했다. 이름만 고쳐진 것이 아니라, 현재와 미래에 요구되는 디아코니아의 구조로 법을 개정했다.

　이곳은 장애인을 대상으로 거주와 가족의 대리보호를 시간적으로 대행하며, 어린이유치원, 특수학교, 기술작업장, 장애인에게 요구되는 부서, 여가시간을 위한 프로그램 그리고 노인 대상의 일을 한다. 처음에는 아동을 중심으로 시작되었지만 점점 아동이 성인이 되어가면서 장년에 대한 프로그램도 개발되기 시작하였다. 이곳의 중심 사상은 '장애가 특정한 인간으로 인정되지 않는다는 것'이다. '정상화^{Normalisierung}'[130]라는 단어를 니더 람스타트 디아코니아는 이렇듯 의미 있게 해석한다. 즉, 모든 인간을 정상화의 관점으로 이해하고자 한다.

　니더 람스타트 디아코니아는 장애인들이 살아가는 지역에서 통합적인 기회의 가능성이 있는 것을 원한다. 그래서 자기들이 살아가는 지역에서 장애인이 통합적으로 살 수 있도록 찾아 준다. 성공적으로 장애인 거주공동체를 만들었으며 장애인도 정상적인 일과에 참여할 수 있게 했다. 약 230명이 수용 가능하며 이웃과 연합하며 장애인이 비장애인처럼 평범한 삶을 살게 하는 것이다. 통합이란 장애인과 비장애인이 함께 삶을 살아가는 것이다. 또한 니더 람스타트 디아코니아에는 이보다 더 큰 뜻이 있다. 함께 사는 것만이 아니라 다른 지역을 개방하며 자기들의 계획을 바깥에 더 알려야 하는 것이 통합의 삶이라는 것이다.

　독일의 사회복지법은 장애인에게 도움과 일, 교육 그리고 요구 등의 권리가 있다. 이처럼 법에 나와 있듯이 니더 람스타트 디아코니아는 교육에 대하여 인간이 좋은 환경이나 영향을 통하여 사람이 긍정적으로 성장, 배움의 과정을 발견할 수 있다고 본다. 사람을 자기들이 만든 어떤 목적으로 키우는 것이 아니고, 그 사람의 관심을 따라서 그것을 살려 주고, 같이 일하는 것이 긍정적인 결과인 것을 찾아냈다. 이런 관점으로 여기서는 장애인에게 여러 가지 일을 해 볼 수 있는 기회를 준다. 그렇게 해서 그 사람의 관심을 찾아낸다. 필자가 이곳을 방문한 적이 있었다. 주중에는 모두가 한 가지씩 기술을 배워서 공장에 가서 일을 한다. 그곳에서 만든 물건들은 시중에 판매

---

[130] 장애인에게 제한적인 삶을 제공하지 않고 비장애인에게 제공하는 삶과 동일한 삶의 가치를 제공하자는 것이다.

되었다.

작업장의 일의 종류는 목재공장, 철재공장, 부품조립, 수공예[방직, 인쇄, 우표 등], 봉사영역, 가사, 농사 등과 관계된 공장과 농장 그리고 원예였다. 이 외에도 이들은 수공업[예를 들면 정원사, 전기기술자, 열쇠수리공, 수리, 화가, 사무실행정], 엔지니어, 전문기술자, 요리사, 음식제조업 그리고 청소부 등을 할 수 있다. 아동들은 유치원에 가서 생활하고, 이보다 더 어린 유아들은 조기교육을 받는다. 이들은 공동체에서 같이 살아가는 이들도 있고, 집에서 다니는 이들도 있었다. 주일에는 모두가 교회에서 다 함께 예배하는데, 이때 교회공동체는 비장애인들도 같이 참여하여 통합예배를 한다. 한 번은 필자가 주일예배에 참여하였는데, 지적장애인이 목회자를 도와 성찬식을 준비하고 있었다. 목회자는 반복적인 단어와 상징적인 예전으로 예배를 인도하였다. 그 마을에 사는 비장애인들도 예배에 참여하고 있지만 누구도 불편해 하는 이들이 없었다.

이처럼 니더 람스타트 디아코니아는 시에서 인정된 특수학교를 운영하며 특수직업학교, 오후까지 운영하는 유치원으로 장애인부모의 힘을 덜어 주는 일을 감당한다. 이는 장애인들이 공동체로 살지 않고 집에서 출근하는 이들도 있다는 것이다. 근본적으로 교육에 필요성을 갖고, 장애인으로 신고 된 어린아이나 청소년을 그 상태에 관계없이 학교에서 수용한다. 6세부터 9세까지가 의무적이며, 상황에 따라 5년까지 연장할 수 있다. 4세부터의 조기교육 입학도 가능하다. 학교는 공동체 안에 거주하는 학생 외에도 지방 근교에 거주하는 비장애학생도 수용한다. 이 기관에서 일하는 사람들은 다양한 분야의 자원봉사자들이 장애인을 돕기 위해 온다. 예를 들면, 특수교육가, 유치원 보육교사, 간호사, 정신심리상담사, 목사, 의사, 간병인, 교사, 체육선생 그리고 물리치료사 등이다.

니더 람스타트는 한 공동체 마을에서 장애아동을 비롯한 모든 장애인들이 함께 살아가면서, 조기교육 및 나아가 직업재활까지 성장시킨다. 이러한 모든 활동의 목적은 통합교육이다. 마을에서는 비장애인들이 주일이면 같이 모여 예배하고, 유치원이나 학교에도 비장애인이 함께 와서 생활하는 전형적인 통합공동체이다. 한국 사회에서도 어느 한 지역을 선정해서 장애인들과 비장애인들이 함께 마을을 만들어 생산품을 만들고 교육과정에서부터 함께하는 그런 공동체가 만들어지기를 바란다.

7.
나가면서

독일의 디아코니아 운동은 현재까지 순탄한 발전을 해왔다. 그러나 경제적인 어려움으로 디아코니아도 직·간접적인 영향을 받고 있다. 먼저 대량실업으로 인한 세금감소로 인하여 실업보험과 연금보험의 증가와 노년층이 증가하였다. 또한 개인주의화로 인한 가족의 해체와 핵가족주의로 이어지면서 독신가계가 증가하게 되었고, 더불어서 통일비용의 증가로 사회적 지출이 늘어나게 된 것이 문제점으로 지적되고 있다. 이렇게 되자, 1945년 디아코니아가 교회의 본질이라고 했던 말에 변동이 생기기 시작한다. 디아코니아를 위하여 교회공동체의 자체적인 예산보다도 70~80퍼센트 예산을 국가에 의존해야 하기 때문이다.

또한 현장 실무자들과 디아코니아 관리자들 사이에 분쟁과 마찰이 나타나기 시작하였다.[131] 이것은 디아코니아의 목적을 어디에 두고 있느냐의 차이 때문이다. 교회공동체의 본질을 목적으로 두고 있는 관리자라면 신앙과는 무관한 실무자들과 분쟁이 일어날 수밖에 없다. 실무자들은 신앙과는 관계없이 취직이 되어 일을 한다. 디아코니아의 발달로 일하는 사람들의 전문성은 발전하였지만, 신앙적 고백성이 없다는 것이다. 실제로 신앙과는 상관없이 이들은 일할 수 있다. 이렇다 보니 현장 실무자들과 디아코니아 관리 경영자들 사이의 기대치가 다르기에 분쟁이 생기게 된다.

독일 교회공동체의 디아코니아봉사자는 자원봉사자와 직업인 봉사자로 나누어 생각한다. 자원봉사자로서의 디아코니아봉사자들에게는 생활비는 지불하지 않으나 활동비는 지급한다. 이들의 봉사는 교회공동체로만 국한되지 않는다. 이러한 자원봉사자들에게 있어서 중요한 것은 자신들의 은사를 발견하는 인식이다. 그리고 이들

---

131) 독일 개신교 연합(EKD), 홍주민 역, 《디아코니아 신학과 실천》, 청주: 한국디아코니아연구소, 2006, p151

에게 해야 할 일을 분명하게 설명해야 한다. 자원봉사자들에 대한 책임과 기대를 강조함으로써 일종의 계약, 즉 약속을 맺는다. 그리고 배후에 교회공동체가 있다는 것을 언제나 설명한다. 마지막 단계는 교육이다. 직업교육과 구분하기 위해 훈련이란 단어를 사용한다. 자원봉사자들은 자신들의 일을 예배 시간에 소개하고, 끝으로 자원봉사자들의 행동은 인정을 받는다. 인정을 받음으로 지속적으로 할 수 있다. 잘못하면 자원봉사자들이 싼 값의 노동력으로 격하될 수 있다. 그러나 자원봉사자야말로 존경받을 사람들이다.

문제는 직업인 디아코니아봉사자들이다. 많은 이들을 돕는 것을 자기의 직업으로 택한다. 간호요원, 청소년알코올중독자 상담 등 여러 가지 일이 있다. 디아코니아 스테이션은 환자, 장애인, 노인을 보호하고 돌보는 일 등으로 하루 두 번 내지 세 번 정도 환자를 방문한다. 교회공동체의 출석과 무관하게 방문한다. 환자를 돌보는 일이 필요한 곳에는 남녀 간호사들이 어디든지 방문한다. 여기에 드는 비용은 환자가 가입한 의료보험회사가 감당하고, 보험회사가 전부 감당하지 못할 경우에는 자치 단체나 교회공동체가 감당하기도 한다. 교회공동체 내에서 이 일은 중요한 선교적 일이다. 요즘 들어 독일도 이러한 경제적인 문제로, 독일 정부는 적은 돈으로 많은 환자를 돌보기 원하다 보니 더욱 신속하게 일을 해야 한다. 결국, 돌봄 자체가 매우 형식화되기도 한다. 하지만 교회공동체 측에서는 그와는 정반대로 지도한다. 상담과 대화가 중요하다며 충분한 시간을 갖고 돕기를 바란다. 상담과 대화가 치료적인 기능과 구원을 돕는 일이기 때문이다. 그러나 정부는 이런 부분에 대해 돈을 지불하지 않는다. 이런 여파로 등장하게 된 문제점이 바로 형식적인 돌봄이 이루어지고, 일하는 봉사자들이 점점 더 신속한 전문성만 키울 뿐, 그리스도의 사랑이 결핍된 봉사가 되어가는 것이다. 이런 부분에서 헌신된 자원봉사자가 필요하고, 또한 교회공동체가 별도로 이런 시간으로 일하는 경우의 예산을 준비해야 한다.

한국 교회공동체는 기독교 초기에 언더우드와 아펜젤러 등 선교사들을 통해 교육과 의료 등의 사회봉사를 시작으로 선교활동이 시작되었다.[132] 일제 치하에서 한

---

132) 이만열, ≪한국기독교 특강≫ 성경읽기사, 1996, pp. 91-116

국 교회공동체는 3.1운동에서 보여 줬듯이 민족 문제와 사회 문제에 무관심하지 않았다. 그럼에도 불구하고 이후의 한국 교회공동체는 사회참여에 매우 소극적이고 개인의 신앙성장에 보다 더 관심을 갖게 된다. 그 이유는 여러 가지가 있지만, 그중 하나는 초기 선교사들의 경건주의와 청교도신앙 그리고 칼빈주의적 전통의 근본주의적 신앙 노선일 것이다. 결국 초기의 기독교사회봉사는 단지, 교회 성장을 위한 하나의 도구로 사용된 것이지 기독교봉사에 대한 개념정리가 약하였다. 그 예로 1970년대에 접어들면서 외국의 원조가 줄어들자 많은 기독교봉사단체들이 미흡한 면을 보였다. 교회의 사회봉사는 한국 교회로 하여금 외국 교회와 외세의 도움과 원조에 쉽게 의존하는 면을 보여 주고 있는 것이다.[133] 한국 교회는 산업화와 도시화로 인구가 도시로 유입되면서 급성장을 이룬다. 이와 더불어 한국 교회는 사회정의와 봉사보다는 이와 같은 양적인 성장에 관심을 가지면서, 사회의 민주화 과정에서부터 점점 멀어지게 된다. 뒤늦게 한국 교회는 사회의 지탄을 받으며 관심을 사회봉사로 돌리기 시작하는데, 이는 무분별한 선교 형태로 나타나기 시작한다. 준비 없이 교회성장의 한 방편으로 선교에 동참하면서 많은 문제점이 나타난 것이다. 한국 교회는 예언자적 증언에 더욱 충실한 교회가 되어야 한다. 더불어서 사회의 약자들과 버림받은 사람들, 병든 사람들을 섬기는 디아코니아의 일에 더욱 힘쓰는 교회가 되어야 한다.

기독교인들이 한국인의 4분의 1이다. 그러나 한국 사회는 오히려 심도 있게 복지 문제를 다루고 있는데, 교회는 뒤쳐지는 경향이 있다. 먼저 한국 교회공동체 지도자들의 의식개혁이 필요하다. 이에 신학대학에서 디아코니아를 학문적으로 가르쳐야 한다. 신학대학에서 성서신학을 가르치는 일들도 중요하지만 디아코니아의 의미를 바르게 알려 준다면, 교회공동체 지도자 한 사람의 관점이 이 사회를 위해 전문적인 봉사자로서 세워질 수 있다고 본다. 한국 교회공동체는 칼빈주의의 영향으로 성경을 가르치는 사역이 우위에 있고, 봉사는 특수한 분야의 일처럼 받아들여지는데, 말씀을 전하는 일이나 봉사하는 일이나 모두가 동일한 디아코니아 사역이란 것을 기억해야 한다. 이것을 한국 사회에 강조하기 위해서는 신학대학에서부터 바른 교육이 있어야 한다고 본다.

133) 이승렬, 《한국 교회 디아코니아의 갱신을 위한 진단과 전망》, 한아봉사 1999 겨울호/통권 제12호, p.21

또한 각 교단의 총회는 정책적인 면에서 디아코니아의 정책에 신경을 써야 한다. 개 교회 목회자들은 교우들의 인식과 교회의 중요한 관심을 주는 일이 중요하다. 양적인 성장에서 디아코니아적인 근본적인 가르침을 실천하고 선포해야 한다. 교회는 성장$^{Wachstum, growth}$을 말하는 곳이 아니고, 진리와 진실^{Wahrheit}을 말하는 곳이다. 교회가 진리와 진실을 말하면, 언젠가는 사회가 교회공동체의 소리에 귀를 기울이게 될 것이다. 이처럼 한국 교회공동체는 이러한 시기를 먼저 걸어간 서구 교회공동체의 모습을 보면서 신학적인 재정립을 해야 할 필요성이 있다. 교회공동체는 세상에 대한 하나님의 자기 활동에 상응하도록, 복음이 필요한 모든 삶의 자리에서 디아코니아를 실천하여야 한다.[134] 교회공동체의 장이 바로 디아코니아를 훈련받고 실천하는 장이 되어야 한다. 교회가 존재함으로써 지역이 살아나야 되고, 예수님이 관심 가진 사역이 일어나야 한다.

비헤른이 처음 '내부선교' 운동을 시작한 것처럼 교회공동체가 위치한 지역을 살리는 운동이 시작되어야 한다. 사회의 눈에 비친 교회공동체는 서로 간의 경쟁과 무분별한 교회확장 등으로 지역 안에서 부정적인 모습을 보여 주고 있다. 또한 지역사회 안에 봉사하는 전문봉사단체들과의 연계성 역시 중요하다. 한국 교회는 단독적인 봉사를 하기 쉽다. 지역의 봉사단체와 타 교회공동체와의 연합한 사역은 더욱 큰 일을 할 수 있다. 나아가 정부 단체와의 연결도 중요한 부분이다. 그렇다고 교회공동체의 봉사가 일반봉사와 구분되지 못하면 안 된다. 기독교에서의 봉사는 디아코니아적인 관점의 봉사이다. 디아코니아적인 관점은 성경에서 시작되어야 한다.

이런 점에 필자는 바른 신앙고백과 전문 기술을 가진 디아코니아 전문사역자를 양육하는 일이 중요한 과제라고 생각한다. 여기에 한국 교회공동체에는 많은 신앙인이 있다. 단지, 교회성장을 위한 사역자로만 양육할 것이 아니라, 자원봉사자로 혹은 전문가로 교육·훈련하여 그들이 살고 있는 지역에서 디아코니아의 삶을 살도록 돕는 일이 중요한 교회공동체의 과제이다.

본 책에서 필자는 장애아동을 위한 디아코니아의 입장에서 통합교육과 조기교

---

134) 김은수, 《기독교사회복지》, 형지사, 2008, p.15

육을 강조했다. 〈기독공보〉에 나온 신문기사를 인용하면 이렇다. "주일예배를 드리기 위해 예배당에 온 장애인에게, 장애인이라는 이유로 다른 장소에서 예배드리게 한다면? 설교 시간에 강단에서 적절하지 않은 장애 용어를 사용함으로써 장애인에게 수치심을 안겨준다면? 교회 행사를 기획할 때 장애인을 고려하지 않고, 비장애인 위주로 기획하여 장애인이 참여할 수 없다면? 교회에서 운영하는 교육 기관에서 장애인이라는 이유로 입학과 전입을 허락하지 않는다면? 이뿐 아니라, 신축 또는 증축, 개축된 500제곱미터 이상의 교회는 장애인들에 대한 정당한 편의시설을 반드시 제공해야 한다. 편의시설에는 엘리베이터, 장애인용 화장실, 점자주보와 수화 및 자막 정보 등이다. 또한 장애인 차별금지에 대한 세부적인 내용이 법률에 적시되어 있고, 차별을 받았거나 접근권을 침해당했을 때, 이러한 행위를 한 개인이나 기관은 '장애인차별금지 및 권리구제 등에 관한 법률'[이하 장애인차별금지법]'에 의해 처벌받을 수 있다." 이것은 2008년 4월 11일부터 시행되고 있는 장애인차별금지법 때문이다.

여기서 얼마나 부끄러움을 느끼게 되겠는가? 성경의 말씀을, 그리고 예수 그리스도의 삶을 추구하는 교회공동체가 가장 모범적인 모습을 보여 주어야 함에도 불구하고 장애인에 대하여 차별을 하고 있었다는 단적인 증거이다. 심지어 통합예배란 말도 일반 장애인들과 함께 예배하는 것을 통합예배라고 표현하는데, 이것은 잘못된 표현이다. 오히려, 당연한 예배인 것이다. 필자가 말한 통합예배란 중증 장애인을 위한 예배를 가리킨다. 위에서 이미 언급하였듯이 통합예배가 아동기에는 반드시 필요하지만, 아동기가 지나면서는 상황에 따라 통합예배 혹은 통합교육이 단점이 될 수도 있다. 이런 점을 잘 인식하여 교회공동체는 여러 면으로 연구해야 한다. 중요한 것은 교회공동체 내에 인식의 변화를 가져온다면, 장애인에 대한 관심을 새롭게 할 수 있다는 것이다. 필자는 장애아동에 관한 통합을 이야기하고 있기에 아동을 위하여 교육이나 예배의 모든 면에서 반드시 통합을 해야 한다고 생각한다. 이 일을 위하여 학령기가 아닌 아동들을 위한 유치원이 중요하다. 조기교육부터 유치원 시기까지 통합예배와 통합교육이 이루어져야 한다. 이에 여러 가지 필요한 목적과 방법을 제공하였다. 이러한 사역을 한국 교회공동체가 잘 감당하여 장애에 늘 노출되어 있는 현대인들에게, 또한 이미 장애를 갖고 있는 우리의 이웃들에게 도움이 되기를 바란다.

끝으로, 함께하는 통합의 삶이야말로 예수 그리스도가 이 땅에서 보여 준 모습을 따라 사는 삶이요, 그분이 이 땅에서 관심을 가진 일에 동참하는 모습이며, 이것이 바로 디아코니아적인 삶이라고 본다.

8. 참고 문헌

김기홍, ≪장애인에 대한 사회적 태도≫, 서울: 홍익재, 2003.
김남순, ≪통합교육의 이론과 실제≫, 파주: 교육과학사, 2008
김은수, ≪기독교사회복지≫, 서울: 형지사, 2008.
대한특수교육편, ≪특수교육의 개혁과제≫, 서울: 도서출판 특수교육, 1992.
대한특수교육편, ≪특수교육의 개혁과제≫, 서울: 도서출판 특수교육, 1992.
독일개신교연합. 홍주민 역, ≪디아코니아신학과 실천≫, 청주: 디아코니아 연구소, 2006.
모기 도시히코, 서화자·지혜선 공역, 서울: 두레시대, 1994.
박동현, ≪성경에서 말하는 섬김≫, 대한예수교 장로회 총회 제 93회 총회 주제해설 "섬겨야 합니다." 서울: 한국장로교출판사, 2008.
박승희, ≪한국장애학생 통합교육≫, 파주: 교육과학사, 2008.
박옥희, ≪장애인복지의 이론과 실제≫, 서울: 학문사, 1999.
신민선·박용순 공저, ≪기독교와 아동복지≫, 서울:예영커뮤니케이션, 2003.
이만열, ≪한국기독교 특강≫, 서울: 성경읽기사, 1996.
이소현·박은혜 공저, ≪장애유아 통합유치원 교육과정≫, 서울: 학지사, 2001.
이승렬, ≪한국 교회 디아코니아의 갱신을 위한 진단과 전망≫, 한아봉사 1999 겨울호/통권 제 12호
전용호, ≪장애인 복지론≫, 서울: 학문사, 1994.
정장복, ≪예배학 개론≫, 서울: 종로서적, 1985.
최길성, ≪한국무속연구(한국 샤마니스무스 연구)≫, 서울: 아시아 문화사, 1978.
최민숙, ≪장애아동을 위한 가족참여와 지원≫, 서울: 학지사, 2007.
한국재활재단편, ≪한국장애인복지 변천사≫, 서울: 양서원, 1997

Adam, Gottfried/ Kollmann, Roland / Pithan Annebelle (Hg.), *Wegereligioeser Kommunikation;* Kreative Ansaetze der Arbeitmit behinderten Menschen, Comenius-Institut, Muenster 1990.

Adam, Gottfried/ Kollmann, Roland / Pithan Annebelle (Hg.), *Integration als Aufgabereligions paedgogischen und pastoral theologischen Handelns,* Comenius-Institut, Muenster 1993.

Adam, Gottfried/ Kollmann, Roland / Pithan Annebelle (Hg.), *Normalist verschieden zusein, Comenius-Institut,* Muenster 1994.

Adam, Gottfried/ Kollmann, Roland / Pithan Annebelle (Hg.), *Blickwechsel, Comenius-Institut,* Muenster 1996.

Adam, Gottfried/ Kollmann, Roland / Pithan Annebelle (Hg.), *Mit Leidumgehen, Comenius-Institut,* Muenster 1998.

Armin, Sohns, *Fruehfoerderung in Deutschland-Anspruch und Wirklichkeit. Fachliche und organisatorische Grundlagen von Fruehfoer der angeboten inder Bundesrepublik Deutschland und ihre Umsetzung inden einzelnen Bundeslaendern,* Marburg 1998.

Axtmann, H., *Kirchliche Institutionen und Einricht ungenohne Erfahr barkeit von Kirchein*: Lebendige Seelsorge 371986.

Bach, H. /Thomae, I., *Empfehlungen zur Frue her ziehung geistig behinderter Kinder, in:ZS Lebenshilfe*, Marburg 1969.

Bach, Ulrich, *Getrennteswird ver soehnt*, Neukirchener 1991.

Beuers, Cristoph, *Die fruehere ligioese Sozialisation von Kindern mit geistiger Behinderung, Religions paedagogische Perspektiven*; Bd25, Die Blaue Eule Verlag, Essen 1996.

Bindung, K. und Hoche, A., *Die Frei gabeder Vernicht unglebens unwerten Lebens*, Leipzig 1920.

Bonhoeffer, Dietrich, *Ethik*, Eberhard Bethge(Hg.),Chr. Kaiser Verlag, Muenchen 1981.

Cho, Hung-Youn, *Der koreanische Schamanismus*, Hamburg 1982.

Christian, Klicpera, *Soziale Dienste. Anfor der ungen, Organisationsformen*, Perspektiven. Wien 1993.

Deutscher Bildungsrat, 1973.

Findeisen, Sven, *Scham*, Das grosse Bibel lexikon, Bd.3, Hg. Helmut Burkardtu.aq, Brockhaus Verlag, Wuppertal, Zuerich 1989.

Gerhardt, M./ Wichern, Johann Hinrich, *Ein Lebensbild*. BandII, Hamburg, 1927.

Goetzelmann, Arnd, *ZumVerhaeltnis von Seelsorge und Diakonie*, in: Diakonische Seelsorge im 21 Jahrhundert, 27 Band, Heidelberg Universitaet Verlag 2006 Winter.

Goetzelmann, Arnd, *Der evangelische Kindergarten als Nachbar schafts zentrumin der Gemeinde*, Diakonischewissenschaftliche Studien 9, Heidelberg 2006.

Goetzelmann, Arnd (Hg.), *Diakonische Kirche, Anstoesse zur Gemeinde entwicklung und Kirchen reform*, Festschrift fuer Theodor Strohm, Heidelberg 2003.

Hong, Ju-Min, *Die Bedeutung der Minjung theologie fuer die diakonische Verantwortung der Presbyterianischen Kirche der Republik Korea(PROK)*, Heidelberg, 2003.

Herbst, R. Hans, *Behinderte Menschen in Kirche und Gesellschaft*, W.Kohlhammer Verlag, Bonn 1998.

Hesse, H., *Fruehfoederung behinderter Kinderals paedagogische Aufgabe*, in: HeeseG. (Hg.): Fruehfoederung behinderter und von Behinderung bedrohter Kinder, Berlin 1978.

Hofmeister, John, *Der Kindergarten inder Pfarr gemeinde*, Echter Verlag, Wuerzburg 1992.

Jantzen, W, *Sozialgeschichte des Behinderten betreuungswesen*, Muenchen 1982.

Kastantowicz, *Wege ausder Isolation, Heidelberg* 1982.

Lee, Seung-Youl, *Die Geschichte der Diakonie inden protestantischen Kirchen Koreas und Perspektiven fuer die Erneuerung ihrer diakonischen Arbeit*, Peter Lang Europaeischer Verlagder Wissenschaften, Frankfurtam Main, Berlin, Bern, Bruxelles, NewYork, Wien, 1999

Luther, Martin, *Von der Freiheiteines Christenmenschen(1520)*.LWBd.2

Mahling, D.F, Die Innere Mission. Guetersloh, 1937.

Marjorie J. Kostenlnik. Esther Onaga. Barbara Rohde. Alice Whiren 공저, 박혜준.이승연 공역, ≪장애유아 통합교육 이야기≫, (서울:학지사, 2007).

Miedaner, L, *Gemeinsame Erziehung behinderter und nicht behinderter Kinder*, Muenchen 1986.

Offermann, Dieter, *Zur Theorie und Praxise iner ´Integrativen Behinderten paedagogik´*. In: Ulrich Kasztantowicz (Hrsg.): Wege aus der Isolation. Heidelberg 1982.

Rueckert, Kaplan, Gardeu.a.,*Gemeinsame Foerderung behinderter und nicht behinderter Kinder*, Handbuch fuer den Kindergarten, Beltz-Verlag Weinheim und Basel 1993.

Schaefer, Gerhard/Strohm, Th, *Der Dienst Christi als Grund und Horizont der Diakonie. ueber legungen zu einigen Grund fragen der Diakonie*. Stuttgart 1987.

Schille, G. *Konflikt loesung durch Zu ordnung*, in: Gerhard Schaefer/Th. Strohm, Diakonie - Biblische Grund lagen und Orientier ungen, Ein Arbeits buch. VdDWI Bd. 2, Heidelberg, 1990.

Singer, Peter, *Praktische Ethik*, Stuttgart 1984.

Singer, Peter, *Sanctity oflifeor quality oflife*, in: Pediatrics(72)1983.

Speck, Otto, *Fruehe Hilfen fuer Behinderte aus paedagogischer Sicht*, in: Bundes vereinigung Lebenshilfe (Hg.), 1977.

Speck, Otto, *Frue herkennung und Fruehfoer der ungbehinderter Kinder*, in: Deutscher Bildungsrat(Hg.): Gut achten und Studien der Bildungs kommission, Bd.25, Sonder paedagogik1,2. Auflage, Stuttgart 1975.

Stoerig, Hans-Joachim, *Kleine Weltgeschichte der Philosophie*, Stuttgart1952

Strohm, Theodor, *Sanctity or quality of life? Zum Standder Wissenschaftsethische Debatte*, in: Zeitschrift fuer Theologiesche Urteilungsbildung 1991.

Strohm, Theodor, *Diakoniewissenschaft, in: fuer Geschichte und Genwart*. Bd.2 Tuebingen u.a. 1990.

Strohm, Theodor, *Theologie und Kirche inder Begegnung mitden Humanwissenschaften-Aspekte theologischer Existenzim Zeichen der Verwissenschaftlichung der Welt*, in: G.Sauter/Th.StrohmHrsg: Theologie als Berufinunserer Gesellschaft. Muenchen 1976.

Thierfelder, *Kurzbericht zur Situation der Diakonie inder Bundesrepublik Deutschland. Bestands aufnahme und theologische Anfragen*. (Veroeffentlichung des Diakonischen Werks der EKD) Stuttgart, 1986.

Von Rad, G, *vom Menschen bilddes Alten Testaments*, in: DERalte und der neue Mensch(Beitraege Evanang. Theologische Abhandlungen 8)hg.v.E.Wolf, Muenchen 1942.

Weber, Max, *Wirtschaft und Gesellschaft*, hg. Von Johannes Winckelmann, Tuebingen 1980.

Weber, Max, *Hinduismus und Buddhismus*, in: Gesammelte Aufsaetze zur Religions soziologieI, Tuebingen 1978.

Weber, Max, *Konfuzianismus und Taoismus*, in: Gesammelte Aufsaetze zur Religions soziologie, Tuebingen 1978.

Wichern , J. H, Die *Innere Mission der deutschen evangelischen Kirche. Eine Denkschrift an die deutsche Nation*. (1839) In: Meinhold (Hg.), Wichern, SW, Berlin und Hamburg, 1962.

Winter, Joerg, *Die Kirche und ihr Diakonisches Werk.*, in: Gerhard Rau(Hg.), Das Recht der Kirche. Guetersloh, 1994.

인터넷자료:
남서울은혜교회	www.nsgrace.org
사랑의교회	www.sarang.org
수원침례교회	www.central.or.kr
명성교회	www.msch.or.kr
하나비전교회	www.hanavision.or.kr
한국장애인사역연구소	www.kmind.net